नाट्य साहित्य

नाट्य साहित्य

राष्ट्रीय शिक्षा नीति के सन्दर्भ में उ.प्र. सरकार के
उच्च शिक्षा विभाग द्वारा निर्धारित राज्य स्तरीय
विश्वविद्यालयों हेतु सामान्य पाठ्यक्रमानुसार

महाराजा सुहेल देव राज्य विश्वविद्यालय,
आज़मगढ़

एम.ए. प्रथम वर्ष, प्रथम सेमेस्टर के तृतीय
प्रश्न-पत्र का एकमात्र पाठ्य ग्रन्थ,
2024-25 से प्रभावी

सम्पादक

प्रो. गीता सिंह

अध्यक्ष
स्नातकोत्तर हिन्दी विभाग
डी.ए.वी.पी.जी. कॉलेज,
आज़मगढ़

वाणी
प्रकाशन

प्रकाशन के उत्कृष्टतम 61 वर्ष

प्रथम संस्करण : 2024

vaniprakashan.com

वाणी प्रकाशन

4695, 21-ए, दरियागंज, नयी दिल्ली-110 002

फ़ोन : + 91 11 23273167, 23275710

शाखाएँ

अशोक राजपथ, पटना-800 004, बिहार

कॉफ़ी हाउस कैम्पस, महात्मा गांधी मार्ग, प्रयागराज-211 001, उत्तर प्रदेश

महात्मा गांधी अन्तरराष्ट्रीय हिन्दी विश्वविद्यालय, वर्धा-442 001, महाराष्ट्र

sales@vaniprakashan.in

vaniprakashan@gmail.com

Natya Sahitya

Edited by Prof. Geeta Singh

ISBN : 978-93-6287-952-3

मूल्य : ₹ 100

आर. टेक ऑफ़सेट, दिल्ली-110 093 में मुद्रित

वाणी प्रकाशन का लोगो मक़बूल फ़िदा हुसेन की कूची से

राष्ट्रीय शिक्षा नीति पर आधारित

एम.ए. प्रथम वर्ष, प्रथम सेमेस्टर

नाट्य साहित्य

अधिकतम अंक : 25×75 कुल कालांशों व्याख्यानों की संख्या : 75

अंक विभाजन

खण्ड (क) 10×2=20 अति लघु उत्तरीय प्रश्न–अधिकतम 50 शब्द

खण्ड (ख) 5×5=25 लघु उत्तरीय प्रश्न–अधिकतम 200 शब्द

खण्ड (ग) 2×15=30 दीर्घ उत्तरीय प्रश्न–अधिकतम 500 शब्द

पाठ्यक्रम

इकाई-I **नाटक**

भारतीय एवं पाश्चात्य दृष्टिकोण

नाटक की उत्पत्ति और उसका स्वरूप

नाटक की परिभाषा

नाटक के तत्त्व

नाटक के प्रकार

नाटक का उद्देश्य

इकाई-II **हिन्दी नाटकों का विकास**

प्रारम्भिक काल

पूर्व भारतेन्दु युग

भारतेन्दु युग

आधुनिक युग

इकाई-III नाटककार जयशंकर प्रसाद

जयशंकर प्रसाद : व्यक्तित्व एवं कृतित्व

जयशंकर प्रसाद के नाटकों में राष्ट्रीय एवं सांस्कृतिक चेतना

नाटक कला के तत्त्वों के आधार पर 'चन्द्रगुप्त' नाटक की समीक्षा

व्याख्या : 'चन्द्रगुप्त' नाटक (जयशंकर प्रसाद)

इकाई-IV एकांकी एवं एकांकीकार

एकांकी की परिभाषा

एकांकी का उद्‌भव और विकास

एकांकी के तत्त्व

एकांकी का उद्‌देश्य

नाटक और एकांकी में अन्तर

एकांकीकारों का संक्षिप्त परिचय

डॉ. रामकुमार वर्मा

उपेन्द्रनाथ अश्क

भुवनेश्वर

जगदीशचन्द्र माथुर

लक्ष्मीनारायण लाल

धर्मवीर भारती

इकाई-V व्याख्या/निर्धारित एकांकी

ताँबे के कीड़े-भुवनेश्वर

भोर का तारा-जगदीशचन्द्र माथुर

मम्मी-ठकुराइन-लक्ष्मीनारायण लाल

नदी प्यासी थी-धर्मवीर भारती

अनुक्रम

संपादकीय 9

इकाई प्रथम-नाटक

भारतीय एवं पाश्चात्य दृष्टिकोण 11

नाटक की उत्पत्ति और उसका स्वरूप 12

नाटक की परिभाषा 13

नाटक के तत्त्व 15

नाटक के प्रकार 22

नाटक का उद्देश्य 23

इकाई द्वितीय-नाटकों का विकास

प्रारम्भिक काल 24

पूर्व भारतेन्दु युग 25

भारतेन्दु युग 25

आधुनिक युग 26

इकाई तृतीय-नाटककार जयशंकर प्रसाद

जयशंकर प्रसाद : व्यक्तित्व एवं कृतित्व 28

जयशंकर प्रसाद के नाटकों में राष्ट्रीय एवं सांस्कृतिक चेतना 29

नाटक कला के तत्त्वों के आधार पर 'चन्द्रगुप्त' नाटक की समीक्षा 33

व्याख्या : 'चन्द्रगुप्त' नाटक (जयशंकर प्रसाद) 36

इकाई चतुर्थ-एकांकी एवं एकांकीकार

एकांकी की परिभाषा 54

एकांकी का उद्‌भव और विकास 55

एकांकी के तत्त्व 61

एकांकी का उद्‌देश्य 67

नाटक और एकांकी में अन्तर 68

एकांकीकारों का संक्षिप्त परिचय

डॉ. रामकुमार वर्मा 70

उपेन्द्रनाथ अश्क 72

भुवनेश्वर 73

जगदीशचन्द्र माथुर 74

लक्ष्मीनारायण लाल 76

धर्मवीर भारती 77

इकाई पंचम-व्याख्या/निर्धारित एकांकी

ताँबे के कीड़े-भुवनेश्वर 79

भोर का तारा-जगदीशचन्द्र माथुर 91

मम्मी-ठकुराइन-लक्ष्मीनारायण लाल 104

नदी प्यासी थी-धर्मवीर भारती 127

सम्पादकीय

साहित्य हमारी संस्कृति की जलती मसाल है और हमारे राष्ट्रीय गौरव का प्रतीक है। आधुनिक हिन्दी साहित्य में जिन गद्य विधाओं का विकास हुआ है उसमें नाटक का महत्त्वपूर्ण स्थान है। आज के यान्त्रिक युग में जीवन के यथार्थ का संवेदनशील साक्षात्कार दृश्य रूप में नाटक द्वारा ही सम्भव है।

पाणिनि नाट्य की उत्पत्ति 'नट्' धातु से मानते हैं। वेबर और मोनियर विलियम्स का मत है कि 'नट्' धातु 'नृत्' धातु का प्राकृत रूप है। माकण्ड का मत है कि 'नृत्' धातु बहुत प्राचीन है और 'नट्' धातु का प्रचलन अपेक्षाकृत कम पुराना है इन सबसे इतना निश्चित है कि दोनों के धात्वर्थ में पर्याप्त समानता है और दोनों का प्रयोग अभिनय व अंग-संचालन के लिए किया जाता है। नाटक मंच पर अभिनय के द्वारा प्रस्तुत ऐसी रचना है जिसका उद्‌देश्य क्रिया और संवादों के माध्यम से जीवन अथवा चरित्र का अंकन या किसी कथानक की अभिव्यक्ति है। आचार्य भरत मुनि ने अपने नाट्य शास्त्र में रूपकों का अत्यन्त सूक्ष्म और विशद विवेचन किया है। जिसमें रूपक के दस भेद बताये हैं–नाटक, प्रकरण, भाण, प्रहसन, ड़िम, व्यायोग, समवकार, अंक, वीथी, और इहामृग आदि। यद्यपि नाटक रूपक का एक भेद है परन्तु अपनी प्रसिद्धि और लोकप्रियता के कारण वह आज रूपक का स्थानापन्न बन गया है। इन रूपकों में एकांकी की झलक पायी जाती है।

एकांकी वर्तमान युग की एक सार्थक और सशक्त नाट्य-विधा है, जिसके द्वारा मानव जीवन के किसी एक पक्ष, एक कार्य, एक चरित्र, एक भाव

की ऐसी कलात्मक प्रस्तुति की जाती है कि यह अविरल भाव से अनेक की आत्मीयता और सहानुभूति प्राप्त कर लेते हैं। कलेवर की दृष्टि से एकांकी एक अंक वाला नाटक है परन्तु दृश्य विधान की दृष्टि से इसे दो भागों में विभक्त किया जा सकता है–

1. जिसमें मात्र एक दृश्य हो और 2. जिसमें अनेक दृश्य हों। पहली श्रेणी में एकांकी में कथा प्रवाह तीव्र गति से होता है और वह अपने चरम बिन्दु तक पहुँच जाता है। दूसरी श्रेणी के एकांकियों में विभिन्न समयों एवं स्थलों की घटनाओं द्वारा कथा में विचित्रता उत्पन्न करने का प्रयास किया जाता है जिसके परिणामस्वरूप दो या तीन दृश्यों की योजना की जाती है।

प्रस्तुत संकलन में जयशंकर प्रसाद के 'चन्द्रगुप्त' नाटक एवं आधुनिक प्रतिनिधि एकांकीकारों और उनके प्रसिद्ध एकांकियों को लिया गया है। आशा है कि हिन्दी प्रेमियों को नाट्य विधा से परिचित कराने में यह पुस्तक सहयोगी होगी।

मैं उन सभी विद्वानों एवं आलोचकों की आभारी हूँ जिनकी पुस्तकों, आलेखों से प्रत्यक्ष और अप्रत्यक्ष रूप से सामग्री ली गयी है या सहायता मिली है। इस पुस्तक को प्रकाशित करने के लिए वाणी प्रकाशन के श्री अरुण माहेश्वरी जी को साधुवाद।

–गीता सिंह

इकाई प्रथम-नाटक

भारतीय एवं पाश्चात्य दृष्टिकोण

भारतीय और पाश्चात्य नाटक की अपनी विशेषताएँ और दृष्टिकोण हैं। इन दोनों के बीच कई अन्तर हैं :

1. थीम और विषयवस्तु के स्तर पर :

भारतीय नाटक : भारतीय नाटकों में आमतौर पर धार्मिक, पौराणिक, और नैतिक विषयों को प्रमुखता दी जाती है। 'महाभारत', 'रामायण' जैसे महाकाव्यों और पुराणों पर आधारित कहानियाँ अधिक प्रचलित हैं।

पाश्चात्य नाटक : पाश्चात्य नाटकों में विभिन्न सामाजिक, राजनीतिक, और व्यक्तिगत समस्याओं को उठाया जाता है। शेक्सपियर के नाटकों में प्रेम, विश्वासघात, सत्ता की लड़ाई, और नैतिकता जैसे विषय होते हैं।

2. संरचना के स्तर पर :

भारतीय नाटक : भारतीय नाटकों में नवरस (नौ रस) का प्रयोग होता है। इन नाटकों में अक्सर नृत्य, संगीत, और काव्य का सम्मिलन होता है। भारतीय नाटकों में सूत्रधार की भूमिका महत्त्वपूर्ण होती है।

पाश्चात्य नाटक : पाश्चात्य नाटकों में त्रासदी (tragedy) और प्रहसन (comedy) की संरचना महत्त्वपूर्ण होती है। इसमें पाँच अंकों की संरचना, और कथानक की जटिलता पर अधिक ध्यान दिया जाता है।

3. प्रस्तुति शैली के स्तर पर :

भारतीय नाटक : पारम्परिक भारतीय नाटकों में मुखौटे, नृत्य, और शास्त्रीय संगीत का अधिक उपयोग होता है। संस्कृत नाट्यशास्त्र में निर्धारित नाट्य-नियमों का पालन किया जाता है।

पाश्चात्य नाटक : पाश्चात्य नाटकों में वास्तविकता के क़रीब की प्रस्तुति दी जाती है। यहाँ नाटक में पात्रों की भावनाओं और संवादों पर अधिक ध्यान दिया जाता है।

4. नाट्यशास्त्र और सिद्धान्त के स्तर पर :

भारतीय नाटक : भारतीय नाटकों का सिद्धान्त भरत मुनि के 'नाट्यशास्त्र' पर आधारित है, जिसमें नाट्यकला के विभिन्न पहलुओं का विस्तृत वर्णन है।

पाश्चात्य नाटक : पाश्चात्य नाटकों का सिद्धान्त अरस्तू के 'पोएटिक्स' पर आधारित है, जिसमें त्रासदी और प्रहसन के तत्त्वों का विश्लेषण किया गया है।

5. समापन के स्तर पर (क्लाइमेक्स) :

भारतीय नाटक : भारतीय नाटकों में सुखान्त (हैप्पी एंडिंग) की प्रवृत्ति होती है, जहाँ अन्त में सब कुछ ठीक हो जाता है।

पाश्चात्य नाटक : पाश्चात्य नाटकों में त्रासदी और दुखान्त की प्रवृत्ति भी होती है, जहाँ अंत में नायक या प्रमुख पात्र की मृत्यु या हार होती है।

भारतीय और पाश्चात्य नाटकों में ये अन्तर उनकी सांस्कृतिक, ऐतिहासिक और सामाजिक पृष्ठभूमि से उत्पन्न होते हैं। दोनों ही दृष्टिकोण अपनी-अपनी जगह महत्त्वपूर्ण और शिक्षाप्रद हैं।

नाटक की उत्पत्ति और उसका स्वरूप

नाटक शब्द की उत्पत्ति 'नट्' धातु से मानी जाती है। पाणिनी नाट्य की उत्पत्ति 'नट्' धातु से मानते हैं और रामचन्द्र गुणचन्द्र ने 'नाट्यदर्पण' में इसका उद्‌भव 'नाट्' धातु से माना है। वेबर और मोनियर विलियम्स का मत है कि 'नट्' धातु 'नृत्' धातु का प्राकृत रूप है। माकण्ड का मत है कि 'नृत्' धातु बहुत प्राचीन है और 'नट्' का प्रचलन अपेक्षाकृत कम पुराना है। इन सबसे इतना निश्चित है कि दोनों के धात्वर्थ में पर्याप्त समानता है और दोनों का प्रयोग अभिनय व अंग-संचालन के लिए किया जाता है। नाट्य और नृत्य का सम्बन्ध प्राचीनकाल से है। इसीलिए 'नृत्य', 'नृत्त' और 'नाट्य' में अन्तर बताते हुए धनंजय 'दशरूपक' में कहते हैं–

अन्यभावाश्रयं नृत्यं नृत्तं ताल लयाश्रयम्
अवस्थानुकृतिर्नाट्यं रूपं दृश्य तयोच्यते
रूपकं तत्समारोपात् दशधैव रसाश्रयम्।।

अर्थात् 'नृत्य' भावाश्रित होता है, 'नृत्त' ताल और लय के आश्रित होता है तथा नाट्य जिसमें अवस्था की अनुकृति होती है, रसाश्रित होता है।

धनंजय का उपर्युक्त कथन जहाँ 'नृत्य' और 'नाट्य' में अन्तर बताता है, वहीं दोनों की समानता की ओर भी ध्यान आकर्षित करता है। नृत्य को भावाश्रित तथा नाट्य को रसाश्रित बताना ही दोनों की समानधर्मिता का परिचायक है, क्योंकि रस स्वयं ही भावाश्रित होता है। नाट्य में भावाश्रय से ही रससन्निवेश सम्भव है। इस प्रकार हम कह सकते हैं कि नाटक शब्द संस्कृत 'नट्' या 'नृत्' धातु से उत्पन्न है और वह काव्य की ऐसी विधा है जिसमें अवस्थानुकृति अभिनय, भावप्रकाशन और रसानुभूति सबकी व्याप्ति होती है।

नाटक की परिभाषा

डॉ. जीवनप्रकाश जोशी के अनुसार, "नाटक की व्युत्पत्ति और परिभाषा के विषय में प्राचीन काल से ही पूर्व-पश्चिम दोनों जगह पर गम्भीर विवेचन-विश्लेषण होता आया है। इसकी व्युत्पत्ति का विषय आज से सदियों पुराना है। भरतमुनि की यह स्थापना नाटक की बड़ी प्राचीन उत्पत्ति और उसकी उपयोगिता का एक ज्वलन्त साक्ष्य है–

न स योगो न तत्कर्म नाट्येऽस्मिन् यत्र दृश्यते।
सर्वशास्त्राणि सिल्पानि कर्माणि विविधानि च।

अर्थात् कोई योग, कोई कर्म, कोई शास्त्र, कोई शिल्प ऐसा नहीं है जो नाटक में न दिखाई पड़े। नाटक सभी कलाओं, शास्त्रों और कर्मों का समन्वित रूप है।

भरतमुनि ने 'नाट्यशास्त्र' में नाटक को परिभाषित करते हुए कहा है-

योऽयं स्वभाव लोकस्य सुख दुःख समन्वितः।
सोऽङ्गाद्याभिनयोपेतो नाट्यमित्याभिधीयते।।

अर्थात् सुख–दुख समन्वित लोक का जैसा स्वभाव है, उसका अंगादि द्वारा सम्पन्न अभिनय नाट्य संज्ञा प्राप्त करता है। भरत ने अन्यत्र नाटक को इस प्रकार परिभाषित किया है–

देवतानां मनुष्याणां राज्ञां लोकमहात्मनाम्।
पूर्ववृत्तानुचरितं नाटकं नाम तद्भवेत्।

अर्थात् देवता, मनुष्य, राजा एवं महात्माओं के पूर्ववृत्त अथवा प्रसिद्धवृत्त का अनुकरण नाटक है। आचार्य भरत की इन दोनों उक्तियों को मिला दें तो नाटक की परिभाषा इन शब्दों में प्रस्तुत की जा सकती है– "नाटक आंगिक, वाचिक, सात्विक और आहार्य चारों प्रकार के अभिनय से युक्त वह दृश्य रचना है जिसमें देवता,

मनुष्य, राजा या किसी महात्मा के अनुकरण द्वारा सुख-दुःख समन्वित लोक के स्वभाव का प्रस्तुतीकरण होता है।"

प्रसिद्ध आलोचक गुलाबराय ने नाटक को परिभाषित करते हुए कहा है कि– "नाटक में जीवन की अनुकृति को शब्दगत संकेतों में संयुक्त करके उसको सजीव पात्रों द्वारा चलते-फिरते सप्राण रूप में अंकित किया जाता है। नाटक में फैले हुए जीवन-व्यापार को ऐसी व्यवस्था के साथ रखते हैं कि अधिक से अधिक प्रभाव उत्पन्न हो सके।"

विश्वविख्यात अरस्तू ने अनुकरण सिद्धान्त के माध्यम से त्रासदी को परिभाषित करते हुए कहा था कि त्रासदी क्रिया व्यापारों का अनुकरण है। (Imitation of an action)

सिसरो (Cicero) के अनुसार, Drama is a copy of life, mirror of custom, a reflection of truth.

अंग्रेज़ी में नाटक के लिए ड्रामा शब्द का प्रयोग होता है। आइवर ब्राउन ने ड्रामा का निम्नलिखित शब्दों में विवेचन किया है–ड्रामा जिस यूनानी शब्द से निकला है, उसका अर्थ है 'कृत' अथवा किया हुआ। थियेटर (प्रेक्षागृह) जिस यूनानी शब्द से निकला है, उसका अर्थ है प्रेक्षण स्थल।

नाटक की रचना मूलतः अभिनय के लिए होती है। कथानक के चयन, पात्र -योजना, संवाद-योजना आदि सभी क्षेत्रों में नाटककार से एक विशेष प्रकार के कौशल की अपेक्षा रखी जाती है। इसलिए नाटक को यह कहकर पूर्णतः परिभाषित नहीं किया जा सकता कि वह मात्र प्रकृति अथवा जीवन का अनुकरण है। नाटक की ऐसी परिभाषा देना बहुत कठिन होगा जिसमें नाटक के सभी तत्त्वों, लक्षणों और विशिष्ट प्रकृति का संकेत किया जा सके। वेब्सट के प्रसिद्ध अंग्रेज़ी शब्दकोश में नाटक की संक्षिप्त परिभाषा इस प्रकार दी गयी है–

Drama is a competition in verce or prove intended to potray life or character or to tell a story through action and dialogue and designed for theatrical performance.

(नाटक मंच पर अभिनय के द्वारा पद्य अथवा गद्य में प्रस्तुत ऐसी रचना है जिसका उद्देश्य क्रिया और संवादों के माध्यम से जीवन अथवा चरित्र का अंकन अथवा किसी कथानक की अभिव्यक्ति है।)

नाटक के तत्त्व

भारतीय आचार्यों द्वारा निरूपित नाटक के तीन तत्त्व हैं–वस्तु, रस एवं नेता। वहीं दूसरी तरफ़ अरस्तू द्वारा प्रतिपदित त्रासदी को स्थान दिये जाने से पाश्चात्य काव्यशास्त्रियों ने कथावस्तु, पात्र एवं चरित्र-चित्रण, देशकाल एवं वातावरण, कथोपकथन, भाषा-शैली, उद्देश्य और अभिनेयता को भी नाटक के तत्त्वों में स्थान दिया है। उपरोक्त तत्त्वों के साथ रस को भी लिया जाता है क्योंकि यह पात्र एवं चरित्र चित्रण के लिए आवश्यक हो जाता है।

1. कथावस्तु : नाटक की मूल कथा को ही वस्तु, कथानक या कथावस्तु कहा जाता है, अंग्रेज़ी में इसे 'प्लॉट' की संज्ञा दी जाती है, जिसका अर्थ है आधार या भूमि। डॉ. सभापति मिस्त्र के अनुसार–"कथानक नाटक का सबसे महत्त्वपूर्ण तत्त्व प्रतीत होता है, क्योंकि कथानक के विशिष्ट संगठन और स्वरूप पर ही चरित्रों की प्रभावी भूमिका निर्भर करती है।"

भारतीय आचार्यों ने नाटक में उद्गम की दृष्टि से कथावस्तु के तीन भेद किये हैं–

(i) **प्रख्यात :** यह कथा इतिहास, पुराणादि से प्राप्त होती है, दर्शकों के लिए सरलतापूर्वक ग्राह्य भी होती है।

(ii) **उत्पाद्य :** यह कथा नाटककार की अपनी कल्पना से जनमी होती है।

(iii) **मिश्र :** इतिहास और कल्पना के समन्वय से बुनी हुई कथा।

उद्गम आधार के पश्चात् कथानक को पात्रों के विचार से दो भागों में विभक्त किया जाता है–

(i) **आधिकारिक :** जो नाटक के प्रधान पात्र से सम्बद्ध होता है और नाटक के प्रारम्भ से अन्त तक चलता है।

(ii) **प्रासंगिक :** जो नाटक के अन्य पात्रों से सम्बद्ध होता है और नाटक की मुख्य कथा के विकास में सहायक होता है। इसके दो रूप हैं-

(क) **पताका :** (यह आधिकारिक कथा के समानांतर प्रारम्भ से अन्त तक चलती है, जैसे–'रामायण' में रावण की कथा रामकथा के समानान्तर चलते हुए विकसित होती है)

(ख) **प्रकरी** (ऐसी कथा जो बीच-बीच में प्रसंगवश प्रयुक्त होती है, जैसे–राम-सुग्रीव मैत्री)।

कथावस्तु के विकास की पाँच अवस्थाएँ बतायी गयी हैं-

(i) **आरम्भ :** फल की सिद्धि के लिए उत्सुकता।

(ii) **यत्न :** फल की प्राप्ति हेतु प्रारम्भिक चेष्टाएं।

(iii) **प्राप्त्याशा :** अनेक विघ्न-बाधाओं के बीच फल प्राप्ति की आशा।

(iv) **नियताप्ति :** विघ्न बाधाओं के अन्त के साथ फल प्राप्ति की आशा।

(v) **फलागम :** फल की प्राप्ति।

पाश्चात्य नाट्यशास्त्रियों ने भी कथावस्तु के विकास की पाँच स्थितियाँ मानी हैं, केवल नाम का भेद है–

(i) **आरम्भ या प्रस्तावना (Exposition)**

(ii) **कार्य विकास (Rise of Action)**

(iii) **संघर्ष या चरम सीमा (Crisis or Climax)**

(iv) **निगति (Dainuma)**

(v) **समाप्ति (Conclusion)**

उपर्युक्त अवस्थाओं को स्पष्ट करने के लिए नाट्यशास्त्रियों ने 5 अर्थ-प्रकृतियों का उल्लेख किया है, जो निम्नलिखित हैं–

(i) **बीज :** नाटक का फल या उद्देश्य।

(ii) **बिन्दु :** आधिकारिक और प्रासंगिक कथा का आरम्भ।

(iii) **पताका :** नाटक में देर तक चलने वाली प्रासंगिक कथा।

(iv) **प्रकरी :** संक्षिप्त प्रासंगिक कथाएँ

(v) **कार्य :** नाटक का साध्य या फल।

अर्थप्रकृतियों को जोड़ने के लिए पाँच सन्धियों का विधान 'नाट्यशास्त्र' में किया गया है–

(i) **मुख :** आरम्भ और बीज को जोड़ने वाली सन्धि।

(ii) **प्रतिमुख :** यत्न और बिन्दु को जोड़ने वाली सन्धि।

(iii) **गर्भ :** प्राप्त्याशा और पताका को जोड़ने वाली सन्धि।

(iv) **विमर्श :** नियताप्ति और प्रकरी को जोड़ने वाली सन्धि।

(v) **निर्वहण :** फलागम और कार्य को जोड़ने वाली सन्धि।

नाटककार को अपनी कथावस्तु की योजना में पात्रों और घटनाओं को इस प्रकार संगठित करना होता है कि कार्य-व्यापार सफलतापूर्वक अभिव्यक्त हो और दर्शकों की जिज्ञासा भी सदैव बनी रहे।

2. पात्र और चरित्र-चित्रण : नाटक में पात्रों के माध्यम से ही नाटककार अपने उद्देश्य का प्रतिपादन करता है। कथावस्तु के बाद पात्र नाटक का सबसे अधिक महत्त्वपूर्ण तत्त्व होता है। "पात्र ही कथानक को आगे बढ़ाता हुआ अन्त की ओर ले जाता है। वही कथा का संवाहक भी होता है। पाश्चात्य नाट्य-कला में भारतीय नाट्य-कला की भाँति नायक का कोई सुनिश्चित स्वरूप नहीं है, वह साधारण और असाधारण, किसी भी स्थिति का हो सकता है।" 'दशरूपक' के अनुसार नायक या नेता के लक्षण इस प्रकार होते हैं–

नेता विनीतो मधुरस्त्यागी दक्षः प्रियवंदः।
रक्तलोकः शुचिर्वाग्मी रूढ़वंशः स्थिरो युवा।।
बुद्धयुत्साह स्मृतिप्रज्ञा कलामानसमन्वितः।
शूरो दृढ़श्च तेजस्वी शास्त्रचक्षुश्च धार्मिकः।।

अर्थात् नायक को विनयी, मधुर, त्यागी, कुशल, प्रियवक्ता, बुद्धिमान, उत्साही, स्मृतियुक्त, विवेकवान, कलावान, समन्वय बुद्धिवाला, वीर, दृढ़ तेजस्वी, शास्त्रद्रष्टा और धार्मिकता आदि गुणों से युक्त होना चाहिए। नायक की ही भाँति नायिका को भी इन्हीं उदात्त गुणों से स्त्रियोचित रूप में युक्त होना चाहिए। भारतीय आचार्यों ने नायिका भेदों पर विस्तृत विचार किया है। नायक को चार प्रमुख भेदों में बाँटा गया है–

(i) **धीरललित :** धनंजय के अनुसार, "निश्चिन्तो धीरललितः कलासक्तं सुखी मृदुः" अर्थात निश्चिन्त स्वभाव का, कलाओं से प्रेम रखने वाला, कोमल स्वभाववाला तथा सुखी नायक, धीरललित होता है। उदाहरण–'रत्नावली' का नायक 'उदयन'।

(ii) **प्रतिमुख :** धनंजय के अनुसार, "सामान्यगुणयुक्तस्तु धीरशान्तो द्विजादिकः" अर्थात सामान्य गुणों से युक्त ब्राह्मण नायक को धीरशांत कहते हैं। उदाहरण–"मृच्छकटिक का नायक चारूदत्त"।

(iii) **धीरोदात्त :** 'दशरूपककार' के अनुसार, 'महासत्वोऽतिगम्भीर क्षमावानविकत्थनः। स्थिरो निगूढ़ाहंकारो धीरोदात्तो दृढ़व्रतः।" अर्थात् धीरोदात्त नायक भावनाओं पर अधिकार रखने वाला, गम्भीर, क्षमावान, अपने मुँह से अपनी प्रशंसा न करने वाला, स्थिर चित्त का, विनयी तथा दृढ़व्रती होता हैं। उदाहरण–उत्तररामचरित के नायक राम।

(iv) **धीरोद्धत :** 'दशरूपक' के रचनाकार धनंजय के अनुसार, "दर्पमात्सर्यभूयिष्ठो मायाछद्मपरायणः। धीरोद्धत-स्त्वहंकारी चलश्चण्डो विकत्थनः" अर्थात् इस नायक में ईर्ष्या और दर्प अधिक होता है, माया

और छल करने में चतुर होता है, चंचल, क्रोधी और आत्मप्रशंसक होता है। उदाहरण–रावण।

नायक और नायिका के अतिरिक्त सहायक पुरुष पात्रों में विदूषक, किसान आदि पात्र भी होते हैं, इसी प्रकार स्त्री पात्रों में नायिका की दूती, सहचरी आदि के हाव-भाव, वेश-भूषा का भी ध्यान रखा जाता है।

पाश्चात्य आचार्यों ने नाटक के कथानक के समान ही चरित्र-चित्रण को भी महत्त्व दिया है, ये चरित्र सामान्यतया तीन प्रकार के होते हैं–

(i) यथार्थ जीवन के चरित्र अथवा वास्तविक चरित्र।

(ii) वास्तविकता से श्रेष्ठतर चरित्र।

(iii) वास्तविकता से हीन चरित्र।

स्थितियों के अनुरूप ही चरित्रों का विकास होता है। पात्र तब और आकर्षित करते हैं जब उनमें संघर्ष, अन्तद्वन्द्ध, सजीवता और प्रभावपूर्णता जैसे गुण विद्यमान हों।

3. देशकाल एवं वातावरण : देशकाल एवं वातावरण के चित्रण में नाटककार को विशेष सतर्कता रखनी होती है, क्योंकि जिस समय, स्थान और वातावरण की घटना चित्रित की गई हो, उसके अनुकूल सूक्ष्म और सटीक चित्रण होने पर ही नाटक में स्वाभाविकता और विश्वसनीयता आती है। इसके अभाव में नाटक का प्रभाव कम हो जाता है।

पश्चिमी नाटक में देशकाल के अन्तर्गत संकलनत्रय (Three Unities) के निर्वाह का सिद्धान्त बहुचर्चित है। "नाटककार अपनी रचना में कितनी घटनाओं को स्थान दे और कितने दृश्यों की योजना करे। बात यह है कि उपन्यासकार अपनी रचना में जिस स्वतन्त्रता के साथ सैकड़ों वर्षों के बीच की घटनाओं की योजना कर सकता है और विश्व के किसी कोने में अपनी रचना के लिए दृश्यों का चुनाव कर सकता है, नाटककार वैसी स्वतन्त्रता नहीं रखता।" इस दृष्टि से संकलनत्रय अर्थात् कार्य, स्थान और समय की एकता का उल्लेख आवश्यक हो जाता है–

(i) कार्य संकलन (Unity of Action) : नाटक की प्रमुख घटना तथा अन्य प्रासंगिक घटनाओं के बीच ऐसा सम्बन्ध होना चाहिए जैसा कि शरीर तथा उसके अंगों के बीच होता है।

(ii) स्थान संकलन (Unity of Place) : नाटक में होने वाली घटनाओं में स्थानगत एकता होनी चाहिए। यथासम्भव एक स्थान पर

घटित घटनाओं को लेना चाहिए। भिन्न स्थानों का चित्रण मंच की स्वाभाविकता में बाधक हो जाता है।

(iii) **समय संकलन (Unity of Time) :** यदि विविध घटनाओं के बीच वर्षों का अन्तराल होता है तो अभिनय और मंचन में अस्वाभाविकता आ जाती है।

ये तीनों तत्त्व 'यूनानी रंगमंच' के अनुकूल थे, जहाँ रात भर चलने वाले लम्बे नाटक होते थे और दृश्य-परिवर्तन की योजना नहीं होती थी।

4. संवाद या कथोपकथन : अन्य विधाओं की अपेक्षा नाटक में संवादों का अत्यधिक महत्त्व होता है क्योंकि नाटक पूर्णत: संवादों के माध्यम से ही लिखा जाता है। पात्रों का चरित्र-चित्रण, कथानक का विकास और वातावरण का सृजन संवादों से ही होता है, नाटककार के पास अपनी ओर से कहने का अवसर नहीं होता। नाटकीय संवादों में निम्नलिखित विशेषताओं का होना उनके प्रभाव को बढ़ाने का कार्य करता है–

(i) देश, काल और वातावरण के अनुसार अनुकूलता।

(ii) पात्र की मन:स्थिति और अवस्था को दर्शाने में सक्षम होना।

(iii) संक्षिप्तता

(iv) वाग्विदग्धता

(v) सरसता और उक्तिवैचित्र्य

(vi) बोधगम्यता

5. भाषा-शैली : दृश्य काव्य होने के नाते दर्शक संवादों के द्वारा ही कथ्य को ग्रहण करते हैं, इसलिए भाषा सरल, स्पष्ट और सजीव होने पर ही दर्शक और श्रोता को रसानुभूति कराने में सक्षम होगी। नाटक की भाषा निश्चित रूप से साहित्यिक नहीं होती। वह कृत्रिमता और साहित्यिकता का मिला-जुला रूप है। नाटककार के सामने दर्शकवर्ग का एक बड़ा समूह होता है, जिसमें नयी-पुरानी पीढ़ियाँ, विभिन्न रुचियों वाले लोग आदि होते हैं, ऐसी स्थिति में नाटक की भाषा ऐसी होनी चाहिए कि सभी को बाँध सके।

नाटक की भाषा पर टिप्पणी करती हुई प्रो. गिरीश रस्तोगी कहती हैं कि, "न शुद्ध साहित्यिक संस्कृतनिष्ठ भाषा और न रोज़ की बोल-चाल की भाषा बल्कि एक लचीली और जीने की भाषा, हरकत की भाषा।" वह आगे कहती हैं कि, "आज नाटककार एक ऐसी भाषा चाहता है जो न केवल औपचारिक हो, न एकदम रोज़मरे की हो बल्कि जो आज के जटिल मानवीय सम्बन्धों को प्रकट करने में समर्थ हो-

यानी सरल, एकदम स्पष्ट, परिचित और स्पष्ट सन्दर्भों वाली।"

6. उद्‌देश्य : नाटक एक उद्‌देश्यपूर्ण रचना है। भारतीय आचार्यों ने काव्य के अलग-अलग प्रयोजन या उद्‌देश्य बताये हैं, क्योंकि नाटक भी काव्य (दृश्य) के अन्तर्गत आता है तो हम 'भरतमुनि' के नाट्यशास्त्र में वर्णित काव्य के प्रयोजन से भी नाटक का उद्‌देश्य समझ सकते हैं–

दुःखार्त्तानां श्रमार्त्तानां शोकार्त्तानां तपस्विनाम्।
विश्रान्तजननं काले नाट्यमेवद् भविष्यति।।

अर्थात् दुःख, परिश्रम, शोक तथा साधना से आर्त (पीड़ित) मनुष्य को विश्रान्ति (आनन्द) प्रदान करना ही काव्य का प्रयोजन है। भामह ने पुरुषार्थ-चतुष्ट्य–धर्म, अर्थ, काम और मोक्ष की प्राप्ति को काव्य का उद्‌देश्य माना है। आज के नाटक जीवन का चित्रण करते हैं, अतः जीवन की समस्याओं का उद्‌देश्य है। इसी उद्‌देश्य की सिद्धि के लिए नाटककार पात्रों के संवाद, उनके कार्य-कलाप और अनेक घटनाओं की रचना करता है। इस प्रकार हम कह सकते हैं कि नाटक के अन्य तत्त्व इस उद्‌देश्य के लिए साधन मात्र होते हैं। भारतीय विचारधारा सदैव आशापूर्ण रही है, इसीलिए संस्कृत के प्रायः सभी नाटक सुखान्त ही मिलते हैं। आधुनिक नाटक वास्तविक जीवन से प्रभावित होते हैं, इसलिए उनकी विचारधारा यथार्थवादी होती है, उसके प्रभाव से कई नाटक दुखान्त भी लिखे गये हैं।

7. रस-योजना : भारतीय काव्यशास्त्रियों के अनुसार रस नाटक का प्राणतत्त्व है। भरतमुनि के अनुसार, "विभानुभावसंचारीसंयोगाद्रसनिष्पत्तिः" अर्थात् विभाव, अनुभाव और संचारी भाव के संयोग से रस की निष्पत्ति होती है। रस के भीतर ही नाटक का उद्‌देश्य फल प्राप्ति है। भरतमुनि रसवादी आचार्य थे। आनन्द अर्थात् रस को काव्य का एकमात्र लक्ष्य बताना स्वाभाविक है। संसार-यात्रा में थका हुआ प्राणी नाटक के द्वारा कुछ क्षणों के लिए आनन्द प्राप्त करता है। कुछ क्षणों के लिए निमग्न होकर लौकिक सुख-दुःख को भूलकर पाठक नयी स्फूर्ति, चेतना तथा शक्ति प्राप्त करता है। नाटक की सफलता का मंगल विधान ही भारतीय आचार्यों की दृष्टि में नाट्यरसकारक है। प्रायः नाटक में शृंगार, शान्त अथवा करुण रस में से ही कोई एक रस प्रधान होता है। अन्य रस सहयोगी के रूप में उपस्थित होते हैं।

8. अभिनेयता : भारतीय आचार्यों के अनुसार, 'अभिनय' नाटक का एक प्रमुख अंग है। यह अभिव्यक्ति का प्रधान साधन है। नाटक की सार्थकता उसके अभनीत होने में ही है। हजारीप्रसाद द्विवेदी भी नाटक की विशेषता को स्पष्ट करते हुए लिखते

हैं कि, "मेरी दृष्टि में नाटक रंगमंच पर अभिनीत होने के लिए ही होने चाहिए। केवल पढ़ने के लिए लिखा हुआ नाटक वस्तुतः विशिष्ट शैली का उपन्यास या गद्य है।" प्रो. गिरीश रस्तोगी के शब्दों में, "अभिनेता रंगमंच की जीवित और सशक्त प्राण शक्ति है। उसके अभाव में नाटक की परिकल्पना, अनुभूति और अभिव्यक्ति ही नाटककार और नाटक का परिचय दर्शक समूह को देती है, वह नाटक के चरित्र को शरीर, रूप-सज्जा, वार्तालाप और आत्मा प्रदान करती है।"

अभिनेता, नाटककार और निर्देशक के सारे परिश्रम को क्षण भर में मिटा भी सकता हैं और अपनी सजीवता से नाटककार-निर्देशक की सृजन-शक्ति को अभिनय कला व चरित्र की सतह पर पहुँचाकर उसे सूक्ष्म और सजीव भी बना सकता है। अभिनय ही नाट्यतत्त्व का वह गुण है जो दर्शक को अपनी ओर आकर्षित करता है।

नाटकीय अवस्थाओं की स्थितिनुसार अभिनय 4 प्रकार का होता है–आंगिक, वाचिक, अहार्य और सात्विक।

(i) आंगिक अभिनय के अन्तर्गत अनुकरणात्मक नृत्य की भाव-भंगिमा एवं मुद्रायुक्त भाषा होती है। इसके द्वारा गीति-नाट्य अथवा गीतात्मक रचना को अभिव्यक्त किया जाता है। नेत्र, मुखादि द्वारा किया हुआ सारा अभिनय इसके अन्तर्गत आता है, जैसे चलना, उठना, दौड़ना, हँसना इत्यादि। इसका सबसे अच्छा बोध हमें कथकली नृत्य में होता है।

(ii) वीभत्स, करुण, रौद्र प्रभृति रसयुक्त वाक्य द्वारा मानसिक भावों के अनुकरण को वाचिक अभिनय कहते हैं।

(iii) वस्त्राभरण आदि रचना द्वारा प्रकृत मूर्ति के अनुकरण को आहार्य कहते हैं, जैसे–लव-कुश के अभिनय के लिए अभिनेता बारह वर्ष का और वस्त्र ऋषि-बालकों के समान होने चाहिए।

(iv) सात्विक भावों को प्रदर्शित करने वाले अभिनय को सात्विक कहते हैं। जैसे–मुख, हस्त आदि की विशेष भंगिमा द्वारा रोमांच, स्तम्भ आदि सात्विक भावों का चित्रण।

अभिनेयता के साथ-साथ मंच की साजो-सज्जा, प्रकाश-योजना, ध्वनियन्त्रों, अभिनेताओं की वेश-भूषा आदि का भी ध्यान रखना होता है। दृश्यों की सजावट में सावधानी बरतनी चाहिए। दृश्यों के संयोजन में तो जैसे मोहन राकेश को महारत हासिल है। प्रथम अंक को तीसरे अंक के अनुरूप ढालने के लिए दिये को दो से एक करना, कम बरतन, टूटे मोढ़े का प्रयोग मल्लिका के परिवेश का सफल चित्रण

करता है। इस प्रकार हम देखते हैं कि रंगशाला के विधि-विधानों की ओर विशेष रूप से दृष्टि होने पर नाटक को कम दृश्यों में भी सफल बनाया जा सकता है।

नाटक के प्रकार

नाटक के प्रमुख प्रकार :

नाटकों के कई प्रकार होते हैं, जो उनके विषय, प्रस्तुति शैली और दर्शकों की भावनाओं पर आधारित होते हैं। कुछ प्रमुख नाटक के प्रकार निम्नलिखित हैं :

1. शोकांतिका (Tragedy) : इस प्रकार के नाटकों में नायक के दुखद अन्त को दर्शाया जाता है। इनका उद्देश्य दर्शकों में करुणा और भय उत्पन्न करना होता है।

2. प्रहसन (Comedy) : इस प्रकार के नाटक हास्यप्रद होते हैं और इनका मुख्य उद्देश्य दर्शकों को हँसाना होता है।

3. शृंगारिक (Romantic) : ये नाटक प्रेम कहानियों पर आधारित होते हैं और इनमें प्रेम, रोमांस और भावनाओं का विशेष महत्त्व होता है।

4. ऐतिहासिक (Historical) : ऐतिहासिक घटनाओं, व्यक्तियों और कालखण्डों पर आधारित नाटक होते हैं।

5. सामाजिक (Social) : समाज की समस्याओं, मुद्दों और परिस्थितियों पर आधारित नाटक होते हैं।

6. मनोरंजक (Melodrama) : इन नाटकों में भावनाओं की अतिशयोक्ति होती है और इन्हें दर्शकों की भावनाओं को छूने के लिए प्रस्तुत किया जाता है।

7. धार्मिक (Religious) : धार्मिक कथाओं और पौराणिक घटनाओं पर आधारित नाटक होते हैं।

8. राजनीतिक (Political) : राजनीति और राजनीतिक मुद्दों पर आधारित नाटक होते हैं।

9. मनौवैज्ञानिक (Psychological) : इन नाटकों में पात्रों की मानसिक अवस्था और उनके भीतर चल रही भावनाओं और विचारों को गहराई से दर्शाया जाता है।

इन प्रकारों के अतिरिक्त भी कई विशिष्ट प्रकार के नाटक हो सकते हैं, जैसे कि संगीत नाटक (Musical), एकांकी (One-act plays) और मूक नाटक (Pantomime) आदि।

नाटक का उद्देश्य

नाटक के उद्देश्य को परिभाषित करने से पहले, यह समझना ज़रूरी है कि नाटक क्या है। नाटक एक कलात्मक अभिव्यक्ति है जिसमें अभिनेता, अभिनेत्री और अन्य कलाकार मिलकर एक कहानी या विषय को प्रस्तुत करते हैं।

नाटक के उद्देश्य को इस प्रकार परिभाषित किया जा सकता है :

नाटक का उद्देश्य दर्शकों को मनोरंजन, शिक्षा, और भावनात्मक अनुभव प्रदान करना है। साथ ही साथ सामाजिक, सांस्कृतिक और नैतिक मूल्यों को प्रसारित करना और समाज में सकारात्मक परिवर्तन लाने के लिए प्रेरित करना है।

नाटक के उद्देश्य में निम्नलिखित बातें भी शामिल हैं :

- दर्शकों को मनोरंजन और आनन्द प्रदान करना।
- शिक्षा और जागरूकता बढ़ाना।
- सामाजिक और सांस्कृतिक मूल्यों को प्रसारित करना।
- भावनात्मक अनुभव प्रदान करना।
- समाज में सकारात्मक परिवर्तन लाने के लिए प्रेरित करना।
- नैतिक मूल्यों को प्रसारित करना।
- सामाजिक मुद्दों पर चर्चा करना।
- सांस्कृतिक विरासत का संरक्षण करना।

इन उद्देश्यों को पूरा करने के लिए नाटककार, अभिनेता और अन्य कलाकार मिलकर काम करते हैं।

इकाई द्वितीय-नाटकों का विकास

प्रारम्भिक काल

हिन्दी नाटक का प्रारम्भिक काल 19वीं सदी के मध्य से लेकर 20वीं सदी के प्रारम्भ तक माना जाता है। इस काल में हिन्दी नाटक के विकास में कई महत्त्वपूर्ण चरण और घटनाएँ शामिल हैं :

1. प्रारम्भिक प्रयास : हिन्दी नाटक की शुरुआत 19वीं सदी के मध्य में हुई। इस समय तक हिन्दी नाटक ने संस्कृत और उर्दू नाटकों से प्रभावित होकर अपनी पहचान बनानी शुरू की।

2. सुधारवादी नाटक : इस काल में भारतीय समाज में सुधार की दिशा में कई नाटक लिखे गये। कई लेखकों ने सामाजिक मुद्दों को अपने नाटकों का विषय बनाया।

3. सामाजिक और धार्मिक विषय : शुरुआती नाटकों में धार्मिक और सामाजिक विषयों पर आधारित कथाएँ देखने को मिलीं। ये नाटक भारतीय संस्कृति, परंपराओं और सामाजिक सुधारों को दर्शाते थे।

4. नाटक के प्रारूप : प्रारम्भिक हिन्दी नाटक के प्रारूप में संस्कृत नाटकों की तरह, त्रैतीयक रूप (प्रथम, द्वितीय, तृतीय) का पालन किया गया। इस समय के नाटक मुख्यतः नाट्यशास्त्र के नियमों पर आधारित थे।

5. संगीत और नृत्य : शुरुआती हिन्दी नाटकों में संगीत और नृत्य का महत्त्वपूर्ण स्थान था, जो इसे दर्शकों के लिए और भी आकर्षक बनाता था।

इस काल के नाटक एक नयी भाषायी और सांस्कृतिक पहचान की ओर संकेत कर रहे थे, जिन्होंने आगे चलकर हिन्दी नाटक के विकास में महत्त्वपूर्ण भूमिका निभायी।

पूर्व भारतेन्दु युग

भारतेन्दु युग से ही हिन्दी में नाटक-साहित्य का सही विकास हुआ। लेकिन इसके पहले नाटक लिखे अवश्य गये, किन्तु वे नाटक नाटकीय गुणों से युक्त न होने के कारण उनको नाटक मानने में संकोच होता है। सत्रहवीं और अठारहवीं सदी में कुछ पथबद्ध नाटकों की रचना हुई और उनकी परम्परा उन्नीसवीं सदी तक चलती रही। 'रामायण महानाटक', 'हनुमन्नाटक', 'चण्डी चरित', 'प्रबोध चन्द्रोदय', 'शकुन्तला' नाटक आदि इनमें महत्त्वपूर्ण हैं। किन्तु इनमें नाटकीय नियमों का पालन नहीं हुआ। पात्रों के प्रवेश आदि नियमों का पालन करते हुए सबसे पहले भारतेन्दु के पिता बाबू गिरधरदास ने 'नहुष' नाटक लिखा था।

हिन्दी में नाट्य साहित्य का वास्तविक आरम्भ आधुनिक काल से होता है। हिन्दी के नाट्य साहित्य को भारतेन्दु-युग (1857 से 1900 ई. तक), द्विवेदी युग (1900-1918), प्रसाद युग (1918-1930) और प्रसादोत्तर युग 1930 से आज तक के रूप में विभाजित किया जा सकता है।

भारतेन्दु युग

भारतेन्दु बाबू हरिश्चन्द्र ने मौलिक तथा अनूदित दोनों ही प्रकार के नाटकों से युगारम्भ किया। हिन्दी में नाट्य साहित्य की दरिद्रता को दूर करने का प्रयास भारतेन्दु तथा उनके सहयोगियों ने किया। भारतेन्दु के महत्त्वपूर्ण नाटक ये हैं–'विद्यासुन्दर' (1868), 'पाखण्ड विडम्बन' (1872), 'वैदिकी हिंसा हिंसा न भवति' (1872), 'धनंजय विजय', 'मुद्राराक्षस' (1875), 'सत्य हरिश्चन्द्र' (1876), 'चन्द्रावली' (1876), 'भारत दुर्दशा' (1876), 'नीलदेवी' (1877), 'अँधेर नगरी' (1881), 'सती प्रताप' (1884), 'कर्पूर मंजरी' (1876), 'प्रेम-योगिनी' (1875), 'विषस्थ विषमौषधम्' (1876)। भारतेन्दु के नाटक पौराणिक, सामाजिक, राजनीतिक, व्यंग्यात्मक, देशभक्तियुक्त रोचक और जीवन्त भाषा में रचे गये हैं। उनके नाटक रंगमंच पर भी प्रदर्शित किये गये। ऐसे नाटककार हिन्दी में ही नहीं, विश्व साहित्य में भी बहुत कम मिलते हैं जिन्होंने एक भाषा को नाटकों की परम्परा प्रदान की और नाट्य साहित्य को सम्पन्न बना दिया।

भारतेन्दु युग के अन्य रचनाकार भी स्वयं नाटक लिखते थे तथा रंगमंच पर प्रस्तुत भी करते थे। प्रेमघन कृत 'भारत-सौभाग्य', लाला श्रीनिवास दास कृत 'रणधीर प्रेम मोहिनी', किशोरी लाल कृत, 'मयंक मंजरी', अम्बिकादत्त व्यास के 'लतिका-नायिका', 'वेणी संहार' और 'गौ संकट', पं बालकृष्ण भट्ट का 'रेल का विकट खेल' आदि इस युग के प्रमुख नाटक हैं।

आधुनिक युग

आधुनिक हिन्दी नाटक का इतिहास एक विस्तृत और विविधतापूर्ण यात्रा है। इसके विकास को विभिन्न चरणों में बाँटा जा सकता है :

1. भारतेन्दु युग : आधुनिक हिन्दी नाटक की नींव भारतेन्दु हरिश्चन्द्र ने रखी। उन्होंने 'अन्धेर नगरी', 'भारत दुर्दशा', और 'वैदिकी हिंसा हिंसा न भवति' जैसे प्रसिद्ध नाटकों की रचना की। इस दौर के नाटकों में देशभक्ति, समाज सुधार और अंग्रेज़ी शासन की आलोचना प्रमुख रूप से देखने को मिलती है।

2. द्विवेदी युग : महावीर प्रसाद द्विवेदी के नेतृत्व में हिन्दी नाटक में शास्त्रीय संस्कारों और नैतिक मूल्यों का प्रभाव देखा गया। इस दौर में ज्योतिष, इतिहास और पौराणिक कथाओं पर आधारित नाटकों का प्रचलन रहा।

3. प्रसाद युग : द्विवेदी युग में नाटकों का विकास उस सीमा तक नहीं हो पाया, जितना भारतेन्दु युग में हुआ। लिहाज़ा नाट्य साहित्य के विकास में द्विवेदी युग का योगदान भारतेन्दु युग जितना नहीं है। द्विवेदी युग के बाद जयशंकर प्रसाद नाट्य साहित्य के पथ-प्रदर्शक बन कर उभरे। उनके योगदान की वजह से हिन्दी नाटक के इतिहास का काल प्रसाद-युग के नाम से जाना जाता है। प्रसाद के नाटक लेखन की शुरुआत द्विवेदी युग से ही प्रारम्भ हो गयी थी। उनके आरम्भिक नाट्य साहित्य में 'सज्जन', 'कल्याणी-परिचय', 'प्रायश्चित्त', 'करुणालय', 'राज्यश्री' जैसी रचनाएँ शामिल हैं। 'करुणालय' हिन्दी का पहला गीतिनाट्य है।

हिन्दी नाटक के इतिहास के इस काल में दरअसल प्रसाद एक नाटककार के रूप में प्रतिष्ठित हुए। उनकी ऐसी तमाम नाट्य कृतियाँ इस काल में आयीं, जिन्होंने नाट्य साहित्य को समृद्ध किया। 'विशाख', 'अजातशत्रु', 'कामना', 'जनमेजय का नागयज्ञ', 'स्कन्दगुप्त', 'एक घूँट', 'चन्द्रगुप्त' और 'ध्रुवस्वामिनी' शीर्षक नाट्य कृतियों से प्रसाद का नाटककार रूप प्रतिष्ठित हुआ।

4. प्रसादोत्तर युग : इस काल में नाट्य साहित्य जीवन के यथार्थ से जुड़ा और नाटकों में नई सम्भावनाओं की तलाश की जाने लगी। भारतेन्दु युग में भी लगभग ऐसा ही प्रयास हुआ था, लेकिन हिन्दी नाट्य साहित्य के विकास का प्रारम्भिक बिन्दु होने के कारण उस समय यथार्थ की अभिव्यक्ति का चेहरा वही नहीं था, जो इस युग में सम्भव हो पाया।

इस काल में ऐतिहासिक नाटकों की परम्परा को पर्याप्य रूप से विकसित होने का मौक़ा मिला। इस युग के ऐतिहासिक नाटकों में इतिहास और कल्पना का अद्भुत समन्वय मिलता है। अधिकांश नाटकों में इतिहास के घटनाक्रमों के साथ-साथ उस समय के सांस्कृतिक वातावरण को भी जीवन्त रूप में प्रस्तुत किया गया है। पात्रों के अन्तर्द्वन्द्व, युगीन चेतना एवं तात्कालिक सत्य को उद्घाटित करने का प्रयास भी इस काल के नाटकों की एक विशेषता कही जा सकती है। इस काल में लिखे गये पौराणिक और कल्पना आधारित नाटकों के अलावा गीतिनाट्य और प्रतीक नाटक प्रमुखता से लिखे गये।

5. समकालीन नाटक : इस दौर में हिन्दी नाटक में और अधिक विविधता और प्रयोगशीलता आयी। मनोज मित्र, बादल सरकार, हबीब तनवीर, और असग़र वजाहत जैसे नाटककारों ने सामाजिक और राजनीतिक मुद्दों को प्रमुखता दी। हबीब तनवीर के 'चरणदास चोर' और असग़र वजाहत के 'जिस लाहौर नइ देख्या ओ जम्याइ नइ प्रमुख नाटक हैं।

6. तकनीकी प्रयोग : आधुनिक हिन्दी नाटक में तकनीकी विकास का भी महत्त्वपूर्ण योगदान रहा है। प्रकाश, ध्वनि, और दृश्य प्रभावों के प्रयोग से नाटकों को अधिक सजीव और प्रभावी बनाया गया है।

निष्कर्ष :

आधुनिक हिन्दी नाटक का इतिहास सामाजिक, राजनीतिक और सांस्कृतिक परिवर्तनों का प्रतिबिम्ब है। यह न केवल मनोरंजन का माध्यम है बल्कि समाज को जागरूक और प्रेरित करने का भी एक महत्त्वपूर्ण साधन है।

इकाई तृतीय-नाटककार जयशंकर प्रसाद

जयशंकर प्रसाद : व्यक्तित्व एवं कृतित्व

हिन्दी के बहुमुखी प्रतिभासम्पन्न साहित्यकार जयशंकर प्रसाद का जन्म काशी के एक धनी वैश्य परिवार में 30 जनवरी सन् 1889 ई० में हुआ। इनके पिता का नाम देवीप्रसाद साहु था। प्रसाद जी के पितामह शिवरत्न साहु वाराणसी के अत्यन्त प्रतिष्ठित नागरिक थे और एक विशेष प्रकार की सुरती (तम्बाकू) बनाने के कारण 'सुँघनी साहु' के नाम से विख्यात थे। शैशवकाल में जयशंकर प्रसाद को 'झारखण्डी' कहकर पुकारा जाता था। बचपन में प्रसाद जी 'कलाधर' उपनाम से लिखते थे। यक्ष्मा रोग से ग्रसित होने के कारण उन्होंने 15 नवम्बर सन् 1937 ई० को शरीर त्याग दिया।

प्रसाद जी कवि कहानीकार के साथ ही नाटककार, निबन्धकार और उपन्यासकार भी हैं। कहानियों पर उनके कविरूपी व्यक्तित्व की स्पष्ट छाप दिखा पड़ती। उन्होंने समाज, संस्कृति एवं राष्ट्रीयता की भावना को लेकर कहानियाँ लिखीं। प्रांजल प्रसाद गुणसम्पन्न उनकी भाषा कविता, कहानी, नाटक, निबन्ध, उपन्यास सभी में एकरूप है और कहीं-कहीं भाव-परिचालित होने के कारण गद्य में भी वह कवित्वपूर्ण हो जाती है। भाषा के सामर्थ्यसम्पन्न होने से प्रसाद को अभिव्यंजना में कठिनाई की अनुभूति नहीं होती। उनकी प्रमुख कृतियाँ निम्नलिखित हैं–

कहानी-संग्रह : 'छाया' (1912), 'प्रतिध्वनि' (1926), 'आकाशदीप' (1929), 'आँधी' (1929), 'इन्द्रजाल' (1936)।

उपन्यास : 'कंकाल' (1929), 'तितली' (1934), 'इरावती' (अपूर्ण)।

नाटक : 'सज्जने' (1910), 'कल्याणी-परिचय' (1912), 'करुणालय (1912), 'प्रायश्चित्त' (1914), 'राज्यश्री' (1914), 'विशाख' (1921), 'अजातशत्रु' (1922), जनमेजय का नागयज्ञ (1926), कामना (1927), 'स्कन्दगुप्त' (1928), चन्द्रगुप्त (1928), एक घूँट (1929), ध्रुवस्वामिनी (1933)।

निबन्ध : कुल 28 निबन्धों की रचना की है। उनके अनेक निबन्ध 'इन्दु' पत्रिका से प्रकाशित थे और कुछ निबन्ध भूमिका के रूप में इनके सुप्रसिद्ध नाटकों

के आरम्भ में एवं 'कामायनी' के आमुख के रूप में विद्यमान हैं। इनके निबन्धों को हम तीन भागों में बाँट सकते हैं-(1) साहित्यिक, (2) ऐतिहासिक और (3) विचारात्मक निबन्ध। प्रसाद जी के विचारात्मक निबन्ध 'काव्य और कला तथा अन्य निबन्ध' नामक संकलन में संगृहीत है।

काव्य : 'चित्राधार', 'कानन कुसुम', 'करुणालय', 'महाराणा का महत्त्व', 'प्रेम-पथिक', 'झरना', 'आँसू', 'लहर', 'कामायनी'।

जयशंकर प्रसाद के नाटकों में राष्ट्रीय एवं सांस्कृतिक चेतना

विश्व में राष्ट्रीयता का भाव सर्वप्रथम भारतीय साहित्य में ही दिखाई देता है। (अथर्ववेद) साहित्य में घोषणा की गयी है कि भूमि माता है और मैं पृथ्वी का पुत्र हूँ–

"माता भूमिः पुत्रो अहम् पृथिव्याः।"

भारतीयों में सांस्कृतिक पुनरुत्थान एवं राष्ट्रीय चेतना का स्वर फूँकने वाले साहित्यकार जयशंकर प्रसाद ने पृथ्वी या भूमि को माता मानने के मूल में वस्तुतः देशभक्ति या राष्ट्रीयता का ही भाव दिखाया है जिसका विकास आधुनिक काल के साहित्य में व्यापक रूप से हुआ है।

प्रसिद्ध नाटककार जयशंकर प्रसाद के अधिकांश नाटकों की कथावस्तु तो ऐतिहासिक रही है परन्तु उनकी प्रेरणा राष्ट्रीयता एवं देशभक्ति रही है। प्रत्येक नाटक के पुरुष पात्र उस युग की सांस्कृतिक समस्याओं का प्रतिनिधित्व करते हैं जिनके माध्यम से नवीन सांस्कृतिक निर्माण की सूचना दी गयी है। उन्होंने इतिहास के उन प्रसंगों को चुन-चुन कर उठाया है जो स्वाधीनता आन्दोलन के समय देश को प्रेरणा देने में सफल हो सकते थे। उन्होंने अपने नाटक 'विशारव' में कहा है, "मेरी इच्छा भारतीय इतिहास के अप्रकाशित अंश में से उन विस्तृत घटनाओं का दिग्दर्शन कराने की है। जिन्होंने हमारी वर्तमान स्थिति को बनाने का बहुत (विशाल) प्रयास किया है।" इतिहास के परिप्रेक्ष्य में वर्तमान की समस्याओं को आवाज देने का प्रयास 'विशाख' जैसे नाटकों से ही शुरू हुआ।

अपने युग में होने वाले साम्प्रदायिक एवं धार्मिक संघर्षों को प्रस्तुत करने के लिए उन्होंने अनेक नाटकों में बौद्ध ब्राह्मण संघर्ष को स्थान दिया है। 'जनमेजय का

नागयज्ञ' में नागजाति और आर्यों के संघर्ष को प्रस्तुत किया है। प्रसाद जी ने, क्षेत्रीय विभेदों को समाप्त कर राष्ट्रीयता का भाव विकसित करने पर विशेष बल देते हुए 'चन्द्रगुप्त' व 'स्कन्दगुप्त' नामक नाटक की रचना की। भारत को एक राष्ट्र के रूप में संगठित कर उसे शक्तिशाली बनाने के उद्देश्य से भी कई नाटकों की रचना की। स्वतन्त्रता-संग्राम की परिस्थिति भी प्रसाद जी को उद्देश्य प्रधान व ऐतिहासिक नाटकों की ओर प्रेरित करती है। राष्ट्र के प्रति गौरव भावना राष्ट्रीयता की अनिवार्य शर्त है। जब तक राष्ट्र के प्रति गौरव का भाव नहीं होगा, तब तक राष्ट्रीयता नहीं आ सकती। प्रसाद जी द्वारा रचित 'स्कन्दगुप्त' (1928) में यही गौरव का भाव कई स्थानों पर देखने को मिलता है। यह उस समय की बात है, जब कांग्रेस के भीतर पूर्ण स्वाधीनता होने लगी थी। यह समय भारत को स्वतन्त्र कराने की राष्ट्रीय चेतना का दौर था। 'स्कन्दगुप्त' वैसे तो ऐतिहासिक नाटक है किन्तु इसका उद्देश्य तत्कालीन राष्ट्रीय संघर्ष को ही व्यक्त करना है।

किसी का हमने छीना नहीं प्रकृति का रहा पालना यही
हमारी जन्मभूमि थी यही कहीं से हम आये थे नहीं।

मानवता के आधार पर इसकी स्थापना हुई है, यह राष्ट्रीयता अंधराष्ट्रवाद नहीं है। भीमवर्मा और देवसेना अपने राज्य को देश पर न्योछावर करना चाहते हैं। समस्त देश के हित के लिए वे स्वार्थों की बलि देने के लिए भी तैयार हैं देवसेना देश के लिए अपने प्रेम का त्याग करती है। जब उसे प्रतीत होता है कि 'स्कन्दगुप्त' प्रेम में अकर्मण्य होने लगा है तो वह प्रेम का त्याग करने में भी संकोच नहीं करती। त्याग का यही भाव नाटक के इस गीत में दिखाई देता है।

जिये तो सदा उसी के लिए, यही अभिमान रहे यह हर्ष।
निछांवर कर दें हम सर्वस्व, हमारा प्यारा भारतवर्ष।

जयशंकर प्रसाद द्वारा 1931 में रचित 'चन्द्रगुप्त' प्रसिद्ध ऐतिहासिक नाटक है, जिसकी कथा भारत पर सिकन्दर के आक्रमण तथा मगध में नन्दवंश के पराभाव एवं चन्द्रगुप्त मौर्य के राजा बनने की ऐतिहासिक घटनाओं से जुड़ी है। प्रसाद जी ने आधुनिक काल के लोगों को भी राष्ट्र के लिए सेवा-त्याग एवं बलिदान-पूर्ण जीवन जीने की प्रेरणा दी है। इतिहास के खँडहर जीवन्त पात्रों को सामने लाते हुए उनके माध्यम से देशभक्ति एवं राष्ट्रीयता का सन्देश देना ही इस नाटक का मूल उद्देश्य रहा है। प्रसाद जी के इस नाटक के चाणक्य में गांधी जी का प्रतिबिम्ब देखा

जा सकता है जब कि चन्द्रगुप्त व सिंहरण में क्रमशः नेहरू व सुभाष का प्रतिरूप दिखाई देता है। सिंहरण जैसे वीर का उदात्त चरित्र न जाने कितने नौजवानों को भारतीय स्वतन्त्रता संग्राम में भाग लेने के लिए प्रेरक बना। आम्भीक उन देशद्रोहियों का प्रतीक है जो अंग्रेज़ों का साथ देते हुए उनका समर्थन करते थे। सेल्यूकश एवं सिकन्दर को उन अंग्रेज़ शासकों का प्रतीक माना जा सकता है जिनका एकमात्र लक्ष्य जनता का शोषण व अत्याचार करना था। अलका के रूप में हमें एक ऐसी भारतीय नारी के दर्शन होते हैं जो राष्ट्र के गौरव व सम्मान को बनाये रखने के लिए त्याग व बलिदान की अद्वितीय मिशाल पेश करती है। वस्तुतः वह भारत के स्वतन्त्रता संग्राम में भाग लेने वाली हज़ारों नारियों का प्रतीक है। इस नाटक में प्रसाद जी ने ऐसे गीत लिखे जो अतीत के गौरव के साथ-साथ देशभक्ति की भावना से भरे हुए हैं। इस नाटक का प्रसिद्ध गीत जो अलका गाती है और जनता को देश की रक्षा के लिए सन्नद्ध करती है–

हिमाद्रि तुंग श्रृंग से प्रबुद्ध शुद्ध भारती।
स्वयंप्रभा समुज्ज्वला स्वतन्त्रता पुकारती।।
अमर्त्यवीर पुत्र हो, दृढ़ प्रतिज्ञ सोच लो।
प्रशस्त पुण्य पंथ है, बढ़े चलो बढ़े चलो।।

भारतवासियों की यह विशेषता रही है कि उन्होंने अनजान विदेशियों को भी अपना बन्धु समझकर गले लगाया है। 'चन्द्रगुप्त' नाटक में प्रसाद जी विदेशी नारी कार्नेलिया को जो शरीर से तो यूनानी है परन्तु हृदय से भारतीय है, भारतीय संस्कृति और यूनानी संस्कृति का मेल कराने वाली आदर्श नारी के रूप में चित्रित किया है एवं उनसे भारतीय गौरव का गुणगान भी कराया है।

अरुण यह मधुमेय देश हमारा।
जहाँ पहुँच अनजान क्षितिज को मिलता एक सहारा।
सरस तामरस गर्भ विभा पर नाच रही तरुशिखा मनोहर,
छिपका जीवन हरियाली पर मंगल कुंकुम सारा।

अपनी अन्तिम रचना 'ध्रुवस्वामिनी' में प्रसाद जी ने राष्ट्रीय एवं सांस्कृतिक चेतना का उत्कृष्ट स्वरूप प्रस्तुत किया है। उन्होंने 'ध्रुवस्वामिनी' और 'चन्द्रगुप्त' दो ऐसे पात्र प्रस्तुत किये जिनमें भारतीय संस्कृति मूर्तिमान हो उठी है। 'ध्रुवस्वामिनी'

के रूप में उन्होंने एक सशक्त नारी पात्र की अवतारणा की है। 'ध्रुवस्वामिनी' आधुनिक नारी की प्रतीक है जो पुरुषों की भोग्या व दासी न रहकर अपने अधिकारों के लिए संघर्षरत है। उन्होंने यह संदेश दिया है कि नारी को अत्याचार एवं अन्याय का विरोध करना चाहिए तथा आत्मबल जगाकर अपनी रक्षा स्वयं करने का प्रयास करना चाहिए। पुराने समय की दासता को त्यागकर नई चेतना विकसित करनी चाहिए।

चन्द्रगुप्त राष्ट्र सजग प्रहरी है। वह कुल मर्यादा के लिए अपने प्राणों की परवाह नहीं करता हैं। पराक्रम का पुरस्कार ही राष्ट्र का कर्णधार बना देता है। चन्द्रगुप्त की बहन के रूप में मन्दाकिनी को कल्पित किया गया है। उसके चरित्र के माध्यम से एक ऐसी भारतीय रमणी की (एक काल्पनिक पात्र) "वीरता जब भागती है तब उसके पैरों से छल छंद की धूल उड़ती है।"

'ध्रुवस्वामिनी' में प्रसाद जी ने नैतिक मूल्यों पर अधिक बल दिया है जो भारतीय संस्कृति का ही एक अंग है। इस नाटक में सांस्कृतिक मूल्यों के साथ राष्ट्रीयता को भी अभिव्यक्ति दी है। अपने नाटकों में अनेक संस्कृतियों का संघर्ष दिखाकर मूल भारतीय सांस्कृतिक धारणा को अक्षुण्य बनाये रखकर उन्होंने राष्ट्रीय एवं सांस्कृतिक चेतना को विशेष बल प्रदान किया है।

निष्कर्ष :

इस प्रकार कहा जा सकता है कि जयशंकर प्रसाद जी ने अपने नाटकों में विभिन्न देशभक्त एवं राष्ट्रप्रेमी पात्रों की योजना करके एक ओर तो अपनी व्यापक राष्ट्रीयता का परिचय दिया है वही दूसरी तरफ़ आधुनिक भारत के लोगों को भी राष्ट्र प्रेम व देशभक्ति के लिए प्रेरित किया है। प्रसाद जी ने अपने नाटकों में राष्ट्रीय एवं सांस्कृतिक चेतना को विशेष बल प्रदान किया है। इस कारण प्रसाद जी के नाटकों को भारत की विभिन्न युगीन संस्कृति के कोष ग्रन्थ कहा जा सकता है। नाटक में एक तरफ भारत के स्वर्णिम अतीत की झांकी है तो वही दूसरी तरफ़ वर्तमान राष्ट्रीय समस्याओं की ओर इशारा किया है व उनकी समस्याओं का समाधान भी बताया है। आचार्य नंद दुलारे वाजपेयी उनके नाटकों के सम्बन्ध में कहते हैं–"प्रसाद के नाटकों का शरीर जहाँ पूर्ण साहित्यिक है वहाँ उनका मन अनिवार्यत: ऐतिहासिक है और उनकी आत्मा शुद्ध सांस्कृतिक।"

नाटक कला के तत्त्वों के आधार पर 'चन्द्रगुप्त' नाटक की समीक्षा

1. प्रस्तावना :

महान साहित्यकार बाबू जयशंकर प्रसाद कृत 'चन्द्रगुप्त' नाटक हिन्दी साहित्याकाश में एक उज्ज्वल नक्षत्र है। नाटक के प्रधान तत्त्व इस प्रकार हैं–(1) कथानक, (2) पात्र तथा चरित्र-चित्रण, (3) कथोपकथन, (4) भाषा तथा शैली, (5) देश-काल-वातावण तथा अन्तद्वन्द्व, (6) रस-सृष्टि, (7) उद्देश्य, (8) गीत-योजना और (9) रंगमंच।

इन तत्त्वों के आधार पर 'चन्द्रगुप्त' नाटक पर विचार :

1. कथानक : 'चन्द्रगुप्त' नाटक का कथानक ऐतिहासिक है। इसमें चन्द्रगुप्त के द्वारा चाणक्य की सहायता से नन्दवंश का नाश, यवनों को भारत से भागाना, सिल्यूकस की कन्या कार्नोलिया से चन्द्रगुप्त का विवाह आदि घटनाएँ वर्णित हैं। कहीं-कहीं पात्रों तथा घटनाओं में कल्पना का सहारा लिया गाया है, फिर भी ऐतिहासिकता में अवरोध उत्पन्न नहीं हुआ है। बल्कि उल्टे उसमें जीवंतता आयी है। नाटक के आरम्भ का दृश्य बड़ा ही भव्य है। प्रकृतिक मनोरमता और प्राचीन भारतीय संस्कृति का केन्द्र होने के कांरण तक्षशिला का महत्त्व है।

2. पात्र और चरित्र-चित्रण : 'चन्द्रगुप्त' नाटक में प्रय: सभी पुरुष पात्रों के नाम ऐतिहासिक हैं। उनमें नन्द, राक्षस, वररुचि, चन्द्रगुप्त, शकटार, चाणक्य, पर्वतेश्वर और आम्भीक तथा यवनों में सिकन्दर, सिल्यूकस, फिलिप्स और नारी मेगास्थनीज–सभी ऐतिहासक हैं। पात्रों में कल्याणी और कार्नेलिया के नाम भी इतिहास ग्रन्थों में मिलते हैं। चन्द्रगुप्त नाटक का नायक है। उसमें धीरोदात्त नायक के सब लक्षण हैं। चाणक्य पात्र नाटक में बहुत ही महत्त्वपूर्ण है। नाटक के आरम्भ से लेकर अन्त तक वह दिखाई पड़ता है। सतर्कता, गौरवमय गम्भीरता, दूरदर्शिता आदि गुणों से वह समन्विता है। सिंहरण देशप्रेमी वीर युवक है। देशद्रोही आम्भीक अन्त में देश- प्रेमी बनता है। राक्षस पात्र का चरित्र उभरकर नहीं आया है। प्रसाद जी ने चाणक्य के चरित्र को उदात्त रूप में चित्रित करने में राक्षस के चरित्र को गिरा दिया है।

नारीपात्रों में अलका काल्पनिक पात्र है। प्रसाद जी ने अपने आदर्शों को उसके द्वारा प्रतिपादित किया है। वह देश-प्रेमी है। उसमें उदात्त पात्र के सभी लक्षण हैं।

सुवासिनी एक काल्पनिक पात्र है। इस पात्र के द्वारा प्रसाद जी यह बताना चाहते हैं, परिस्थितियों के कारण अनेक रूप धारण करने पर भी वह मूलत: एक ही है। मालविका एक गौण तथा काल्पनिक पात्र है। कार्नोलिया एक विदेशी पात्र है। प्रसाद ने इस पात्र के द्वारा भारत देश, उसकी संस्कृति और सभ्यता की प्रशंसा करायी है। प्रसाद के अधिकांश पुरुष-पात्र ही नहीं, अधिकांश स्त्रियाँ भी आदर्श-प्रेम की ही हैं। प्रसाद की नारियाँ सदैव उदात्त भावों से परिपूर्ण रही हैं। पुरुषों की अपेक्षा वे सबल और महान रही हैं।

3. कथोपकथन : चन्द्रगुप्त में प्राय: कथोपकथन छोटे हैं। संवादों में रस के अनुकूल पदावली, भाषा और भावयोजना दिखाई पड़ती है। वीर-रस सम्बन्धी संवादों में उत्साह, गर्व, दर्प, आवेश, क्रोध सभी भाव समयानुसार व्यंजित हैं। जहाँ शृंगार की योजना हुई है, वहाँ भाषा और भाव-व्यंजना में तदनुकूल परिवर्तन होता है। कुछ संवाद भावुकता से समन्वित होने के कारण अत्यन्त मधुर तथा प्रभावोत्पादक हैं। कथोपकथनों से कथा आगे बढ़ती है। एक उदाहरण देखिए

चाणक्य : केवल तुम्हीं लोगों को अर्थशास्त्र पढ़ाने के लिये ठहरा था।

सिंहरण : आर्य, मालवों को अर्थशास्त्र की उतनी आवश्यकता नहीं जितनी अस्त्र-शास्त्र की।

चाणक्य : अच्छा, तुम अब मालव में जाकर क्या करोगे?

सिंहरण : अभी तो मैं मालव नहीं जाता। मुझे तो तक्षशिला की राजनीति पर दृष्टि रखने की आज्ञा मिली है।

कथोपकथनों से पात्रों के चरित्र पर प्रकाश पड़ता है। एक उदाहरण द्रष्टव्य है–

मालविका : साम्राट, अभी कितने ही भयानक संघर्ष सामने हैं।

चन्द्रगुप्त : संघर्ष! युद्ध देखना चाहो तो मेरा हृदय फाड़कर देखो मालविका। आशा-निराशा का युद्ध, भावों और अभावों का द्वन्द्व। कोई कमी नहीं, फिर भी न जाने कौन मेरी सम्पूर्ण सूची में रिक्त-चिन्ह लगा देता है।

राक्षस और सुवासिनी के वाक्यों से चाणकत्य के चरित्र पर प्रकाश पड़ता है।

4. भाषा तथा शैली : प्रसाद की भाषा की ये विशेषताएँ हैं–(1) वह प्रवाहमयी है। (2) पात्रोचित है। (3) मार्मिक उक्तियों का संयोजन है। (4) अभीष्ट भावों को प्रकट करने में सक्षम है। (5) तत्सम शब्दावली प्रयुक्त हुई है। भाषा दुरूह न होकर सदा उपयुक्त रही है। शैली रोचक तथा प्रवाहमयी है।

चन्द्रगुप्त नाटक में भाषा के अनेक रूप मिलते हैं–(1) आलंकारिक भाषा (2) सरल

भाषा (3) व्यावहारिक भाषा (4) धारावाहिक भाषा (5) कथात्मक भाषा। यत्र-तत्र सूक्तियों का प्रयोग भी किया गया है।

1. ब्राह्मणत्व एक सार्वभौम शाश्वत बुद्धि-वैभव है।
2. स्मृति जीवन पुरस्कार है।
3. जीवन एक प्रश्न है और मरण है उसका अटल समाधान।

5. देश-काल का वातावरण तथा अन्तर्द्वन्द्व : 'चन्द्रगुप्त' नाटक ऐतिहासिक नाटक है। इस कारण उसमें चन्द्रगुप्त कालीन आर्यावर्त्त की परिस्थितियों का चित्रण किया गया है। राजनीति, धर्म, पात्र, गीत आदि में अन्तद्वन्द्ध प्रयुक्त हुआ है।

(क) राजनीतिक स्थिति : उत्तरापथ के खण्ड राज्य द्वेष से जर्जर थे। एक ओर नन्द और पर्वतेश्वर का विरोध और दूसरी आंभीक और पर्वतेश्वर का पारिवारिक संधर्ष था। आम्भीक यवनों को आर्यावर्त्त में प्रवेश करने के लिए आवश्यक सहायता करता है। पर्वतेश्वर डटकर उनका विरोध करता है। मालव और क्षुद्र जैसे छोटे-छोटे गणतन्त्रों के शासकों का मिलना भी सरल नहीं था। मगध की राजनीतिक स्थिति अव्यवस्थित थी। नन्द विलासप्रिय, कामुक और मद्यप था। राक्षस मन्त्री भी मद्यप था। जनता पर मनमाने अत्याचार होते थे। लोग परिवर्तन का अवसर ढूँढ़ रहे थे। नन्द की पुत्री कल्याणी भी अपने पिता के शासन से असन्तुष्ट थी।

(ख) धार्मिक संघर्ष : नन्द बौद्ध था। राक्षस प्रच्छन्न बौद्ध था। चाणक्य वैदिक धर्मानुयायी था। "बौद्ध और वैदिक धर्मों के बीच संघर्ष चलता था। नन्द ने वैदिक धर्मावलम्बी शकटार को अन्धकूप में रखा। उसने शकटार के पड़ोसी चणक का ब्राह्मणस्व छीन लिया। तक्षशिला गुरुकुल वैदिक धर्म का केन्द्र था।"

(ग) नारियों की स्थिति : माहिलाओं में पर्दे की प्रथा नहीं थी। वे स्वच्छंदता से अपने विचार प्रस्तुत कर सकती थी; राजसभाओं में उपस्थित हो सकती थीं। युद्धभूमि में भी जा सकती थीं। शिक्षा महिलाओं को भी दी जाती थी। मालविका के मानचित्र खींचने से इस बात की पुष्टि होती है।

(घ) युद्ध-वर्णन : युद्धों में गज सेना, अश्व सेना, रथ-सेना और पदातियों के अतिरिक्त नौ-सेना का भी उपयोग होता था। सैनिक कटार, धनुष, तीर आदि का उपयोग करते थे। आर्मी की रणनीति ऐसी थी कि कृषक और निरीह लोग दुःख नहीं पाते थे। किसान रणभूमि के पास ही स्वच्छदता के साथ हल चलाते थे। यवनों की रणनीति इससे भिर्न्न थी। निरीह जनता को लूटना, गाँवों को जलाना उनके साधारण काम थे।

(ङ) शिक्षा-व्यवस्था : अध्ययन और अध्यापन के लिए गुरुकुलों की व्यवस्था थी। उस समय तक्षशिला का गुरुकुल प्रसिद्ध था। वहाँ के नियम कठिन थे। वहाँ का स्नातक वहीं आचार्य भी बन सकता था। छात्रों को राजवृत्ति भी दी जाती थी। वहाँ अर्थशास्त्र, अस्त्र शात्र भी पढाये जाते थे। वहाँ एक विद्यार्थी पाँच वर्षों तक अध्ययन करता था। गुरुकुल में आचार्य की आज्ञा ही मानी जाती थीं।

(च) सामाजिक परिस्थिति : समाज में वर्ण-व्यवस्था का प्रचलन था। दाण्ड्यायन जैसे तपस्वी लोगों के आश्रम होते थे। वे राजा के पास नहीं जाते थे। राजा लोग ही उनके पास जाते थे। जनता में प्रान्तीय भावना थी। चाणक्य, अलका जैसे लोग देश में राष्ट्रीय भावना को जागृत करने में लगे थे। विलास-कानन में राजा के साथ नागरिक भी मदिरा पी सकते थे।

6. रस-सृष्टि : 'चन्द्रगुप्त' नाटक में वीर रस की प्रधानता है। शृंगार रस भी वीर रस की पुष्टि में प्रयुक्त हुआ है। इसके अतिरिक्त शान्त तथा अन्य रसों का संकेत भी मिलता है। नाटक का प्रारम्भ राजनीति से होता है और समापन प्रणय से। यही नाटक की रसमय विशेषता है।

7. उद्‌देश्य : 'चन्द्रगुप्त' नाटक की कथावस्तु को देखने से स्पष्ट होता है कि भारतवासियों में राष्ट्रीय भावना को जाग्रत करना ही इसका प्रमुख उद्धेश्य है। यह बात अलका के चरित्र और उसके द्धारा गाये गये 'प्रणय गीत' से और स्पष्ट हो जाती है। साथ-साथ वैदिक संस्कृति का पुनरुत्थान करना नाटककार का उद्‌देश्य है।

8. गीत-योजना : 'चन्द्रगुप्त' नाटक में तेरह गीत हैं। ये गीत पात्रों के अन्तर्द्वन्द्ध, प्रेम तथा अनुराग, देश़प्रेम तथा कोमल भावों के परिचायक हैं। कार्नोलिया तथा अलका द्धारा गाये गये गीतों में देशप्रेम की भावना निहित है। प्रणय-गीतों में मादकता, उद्‌दाम यौवन की तरंग, व्याकुलता, उलझन तथा अन्तर्द्वन्द्ध की अभिव्यक्ति मिलती है।

9. रंगमंच : 'चन्द्रगुप्त' नाटक रंगमंच पर प्रदर्शित किया जा सकता है। अधिकांश घटनाएँ रंगमंच के उपयुक्त ही हैं। कुछ घटनाओं को' रूपान्वित भी किया जा सकता है। रंगमंच के उपयुक्त हो़ने से 'चन्द्रगुप्त' पूर्णतया एक सफल नाटक है।

व्याख्या : 'चन्द्रगुप्त' नाटक (जयशंकर प्रसाद)

1. चाणक्य : "तुम मालव हो और यह मागध, यही तुम्हारे मान का अवसान है न? परन्तु आत्मसम्मान इतने से ही सन्तुष्ट नहीं होगा। मालव और मागध को

भूलकर जब तुम आर्यावर्त्त का नाम लोगे, तभी वह मिलेगा। क्या तुम नहीं देखते हो कि आगामी दिवसों में, आर्यावर्त्त के सब स्वतन्त्र राष्ट्र एक के अनन्तर दूसरे विदेशी विजेता से पददलित होंगे। आज जिस व्यंग्य को लेकर इतनी घटना हो गयी है, वह बात भावी गान्धार-नरेश आम्भीक के हृदय में शल्य के समान चुभ गयी है। पंचनद-नरेश पर्वतेश्वर के विरोध के कारण यह क्षुद्र-हृदय आम्भीक यवनों का स्वागत करेगा और आर्यावर्त्त का सर्वनाश होगा।"

सन्दर्भ : प्रस्तुत पंक्तियाँ जयशंकर प्रसाद के 'चन्द्रगुप्त' नाटक के प्रथम अंक के प्रथम दृश्य से ली गयी हैं।

प्रसंग : तक्षशिला के गुरुकुल के मठ से चाणक्य और सिंहरण बातें करते हुए निकलते हैं। सिंहरण राज्य में चल रहे षड्यन्त्रों की ओर इशारा करता है तभी आम्भीक, जो देशद्रोही और कदाचारी है, वहाँ आ जाता है और सिंहरण को षड्यन्त्र बताने का आदेश देता है। वह चाणक्य का भी अपमान करता है तभी चन्द्रगुप्त बीच-बचाव के लिए आ जाता है। चाणक्य के आदेश से अलका अपने भाई आम्भीक को ले जाती है और चन्द्रगुप्त चाणक्य से कहता है कि वह सिंहरण से सदैव मित्रता निभायेगा क्योंकि हम मागध हैं। चन्द्रगुप्त द्वारा अपने प्रदेश का परिचय देकर गौरवान्वित होने पर चाणक्य ने उपरोक्त पंक्तियाँ कही हैं।

व्याख्या : चाणक्य चन्द्रगुप्त से कहते हैं–तुम मालव हो और आम्भीक मागध है, इसलिए तुम उसके साथ शस्त्र-परीक्षा करना चाहते हो, उसके व्यवहार से तुम्हारी मानहानि हुई, ऐसा समझते हो। प्रादेशिक स्तर पर जन्मभूमि का मान बढ़ाने की बात करने से कुछ नहीं होगा। यह बात, यह सोच देशवासियों को बाँटती है। आत्मसम्मान को केवल प्रदेश की रक्षा से सन्तुष्ट नहीं होना चाहिए, बल्कि उसे पूरे देश की, आर्यावर्त्त की बात को एक ही दृष्टि से सोचना चाहिए। जो मागध का देशद्रोही है वह पूरे आर्यावर्त्त का देशद्रोही है। अत: जब मालव, मागध भूलकर दृष्टि और चिन्तन को विस्तार दोगे, आर्यावर्त्त की बात सोचोगे तभी आत्मसम्मान और मान को सन्तुष्टि मिलेगी, उनका विकास होगा। चाणक्य कहते हैं-चन्द्रगुप्त, क्या तुम अपनी दूरदृष्टि से यह नहीं देख रहे हो कि आने वाले समय में आर्यावर्त्त के सभी स्वतन्त्र राष्ट्र विदेशी विजेताओं से हार जायेंगे। एक-एक कर उनकी स्वतन्त्रता छिन जायेगी। आज तुमने जिस आम्भीक को एक व्यंग्य पर लड़ते और ज़हर उगलते देखा है, वह आम्भीक भविष्य में गान्धार-नरेश बनेगा और शत्रु यवनों से मित्रता करेगा, उनका स्वागत करेगा क्योंकि उसका हृदय क्षुद्र है और तुम लोगों

की (चन्द्रगुप्त और सिंहरण) बातें उसके हृदय में काँटे की तरह चुभ गयी हैं। वह पंचनद-नरेश पर्वतेश्वर का विरोधी है। अत: यवनों से मित्रता कर वह तुम लोगों से पूरी तरह शत्रुता निभायेगा।

2. महापद्म का जारज-पुत्र नन्द केवल शस्त्र-बल और कूटनीति के द्वारा सदाचारों के सिर पर ताण्डव नृत्य कर रहा है। यह सिद्धान्त-विहीन नृशंस, कभी बौद्धों का पक्षपाती, कभी वैदिकों का अनुयायी बनकर दोनों में भेदनीति चलाकर बल-संचय करता रहता है। मूर्ख जनता धर्म की ओट में नचायी जा रही है।

सन्दर्भ : प्रस्तुत पंक्तियाँ जयशंकर प्रसाद के 'चन्द्रगुप्त' नाटक के प्रथम अंक के चतुर्थ दृश्य से ली गयी हैं।

प्रसंग : कुसुमपुर के सरस्वती मन्दिर के एक कुंज का दृश्य है। दो ब्रह्मचारी वहाँ आते हैं और आपस में बातें करते हुए मगध राज्य के पतन पर चिन्ता व्यक्त करते हैं। एक ब्रह्मचारी कहता है कि मगध को उन्माद हो गया है। वह जनता के अधिकारों को अत्याचारियों के हाथ में सौंपकर निश्चिन्त होकर स्वप्न में डूबा है। राजा भोगी-विलासी और मूर्ख है। इस पर दूसरा ब्रह्मचारी उपरोक्त पंक्तियाँ कहता है।

व्याख्या : महापद्म का जारज-पुत्र नन्द जो महापद्म की वैधानिक सन्तान नहीं है, बल्कि पत्नी के अतिरिक्त किसी नीच कुल की स्त्री से उत्पन्न सन्तान है, सदाचारियों के सिर पर ताण्डव कर रहा है। उन पर अत्याचार कर रहा है क्योंकि नीच कुल के रक्त संस्कार उसके भीतर हैं। अत: वह अमानवीय और कदाचारी है, वह असभ्य और अहंकारी है। जैसे छोटी नदियों, उथली नदियों में थोड़ी ही वर्षा से बाढ़ आ जाती है, उसी तरह यह निम्न कुलीन नन्द अपनी कूटनीति एवं शस्त्रों के बल पर सदाचारियों का जीना दुश्वार कर रहा है। वह नृशंस है, क्रूर है। उसका कोई सिद्धान्त नहीं है। सम्राट है लेकिन निजी स्वार्थपूर्ति और सुखों के लिए वह चालें चलता है।

कभी वह बौद्धों का पक्षधर बन जाता है और कभी वैदिकों का अनुयायी बन जाता है और दोनों को भेदनीति से लड़वाकर अपनी शक्ति बढ़ाता है। मूर्ख जनता धर्म के नाम पर छली जा रही है और नन्द की कूटनीतियों को नहीं समझती। बौद्ध और वैदिक कोई भी लड़े मृत्यु जनता की होती है। उसके सुख-साधनों की हानि होती है। नन्द धर्म के नाम पर जनता को ठग रहा है।

3. राक्षस : राजकुमारी! राजनीति महलों में नहीं रहती, इसे हम लोगों के लिए छोड़ देना चाहिए। उद्धत पर्वतेश्वर अपने गर्व का फल भोगें और ब्राह्मण चाणक्य! परीक्षा देकर ही कोई साम्राज्य-नीति समझ लेने का अधिकारी नहीं हो जाता।

सन्दर्भ : प्रस्तुत पंक्तियाँ जयशंकर प्रसाद के 'चन्द्रगुप्त' नाटक के प्रथम अंक के पंचम दृश्य से ली गयी हैं।

प्रसंग : मगध की राजसभा में नन्द राक्षस तथा अन्य सभासदों के साथ बैठा है। चाणक्य वहाँ प्रवेश करके सूचना देते हैं कि यवनों की सेना ने आक्रमण कर दिया है और वह उत्तरापथ के छोटे-छोटे स्वतन्त्र गणराज्यों को रौंदती और विजेता बनती हुई आगे बढ़ रही है। पंचनद के महाराज पर्वतेश्वर अकेले उनका सामना करने के लिए खड़े हैं। तभी सभा में नन्द की पुत्री कल्याणी प्रवेश करती है और कहती है कि इस समय अपने शत्रु और घमण्डी पर्वतेश्वर का साथ देने के लिए मैं सेना लेकर जाऊँगी और उस क्षत्रिय को नीचा दिखाऊँगी, साथ ही यवनों को मगध तक आने से रोकूँगी। दिखा दूँगी कि राजकन्या कल्याणी किसी क्षत्राणी से कम नहीं है। राजकुमारी की बात सुनकर सभा में बैठे राक्षस ने उस पर व्यंग्य करते हुए उपरोक्त पंक्तियाँ कहीं।

व्याख्या : राक्षस कहता है–राजकुमारी राजनीति महलों में नहीं रहती अर्थात् यह अखाड़े में, पुरुषों के साथ रहने वाली चीज़ है, महिलाओं को इसकी समझ नहीं होती। इसलिए इसे हम पुरुषों के लिए ही छोड़ दें। पर्वतेश्वर उद्‌दण्ड और घमण्डी है। अगर वह यवनों से अकेला लड़ने के लिए खड़ा है और अहंकारवश हमसे सहायता की याचना नहीं कर रहा है तो हम क्यों जायें। उस अकेले को अगर यवन सेना कुचल देती है तो कुचले। अपनी करनी का फल भुगते और चाणक्य को उससे हमदर्दी है, सहानुभूति है तो वह भी जाये और अपनी करनी का फल भोगे। चाणक्य की बात या सूचना पर क्या विश्वास करना। यह स्वयं को बलशाली समझता है लेकिन गुरुकुल में जाकर अध्ययन-अध्यापन कर लेने और परीक्षा में पास हो जाने मात्र से ही कोई राजनीति का जानकर नहीं हो सकता। साम्राज्य नीति मैदान का खेल है, दिमाग़ का खेल है। पढ़ने-लिखने से ही कोई इसका जानकार नहीं बन जाता। इन पंक्तियों में राक्षस कल्याणी और चाणक्य दोनों पर व्यंग्य करता है।

4. चाणक्य : "सावधान नन्द! तुम्हारी धर्मान्धता से प्रेरित राजनीति आँधी की तरह चलेगी, उसमें नन्दवंश समूल उखड़ेगा। नियति-सुन्दरी के भौंहों में बल पड़ने लगा है। समय आ गया है कि शूद्र राजसिंहासन से हटाये जायें और सच्चे क्षत्रिय मूर्धाभिषिक्त हों।"

नन्द : "यह समझकर कि ब्राह्मण अवध्य है, तू मुझे भय दिखलाता है। प्रतिहार, इसकी शिखा पकड़कर इसे बाहर करो!"

(प्रतिहार उसकी शिखा पकड़कर घसीटता है, वह निःशंक और दृढ़ता से कहता है)

चाणक्य : "खींच ले ब्राह्मण की शिखा! शूद्र के अन्न से पले हुए कुत्ते! खींच ले! परन्तु यह शिखा नन्दकुल की काल-सर्पिणी है, वह तब तक न बन्धन में होगी जब तक नन्दकुल निःशेष न होगा।"

सन्दर्भ : प्रस्तुत पंक्तियाँ जयशंकर प्रसाद के 'चन्द्रगुप्त' नाटक के प्रथम अंक के पंचम दृश्य से ली गयी हैं।

प्रसंग : मगध की राजसभा में राक्षस चाणक्य की राजनीतिक समझ पर व्यंग्य करता है। नन्द के सामने यह रहस्य भी खुलता है कि चाणक्य चणक के पुत्र हैं जो विद्रोही थे। चन्द्रगुप्त आकर सबको शान्त करने का प्रयत्न करता है तो नन्द दोनों का अपमान करते हुए उन्हें सभा से बाहर निकालने का आदेश देता है। तब चाणक्य और नन्द में यह वार्तालाप होता है।

व्याख्या : ब्राह्मण चाणक्य शूद्र नन्द के द्वारा अपमानित किये जाने पर तिलमिलाकर उसे चेतावनी देते हुए कहते हैं कि सावधान हो जाओ नन्द, तुम धर्म के नाम पर अन्धी जनता को मूर्ख बनाकर धर्म के नाम पर जो राजनीति कर रहे हो, वह एक ऐसी आँधी बन जायेगी कि उससे तुम्हारा पूरा नन्दवंश उखड़ जायेगा। तुम्हारी चालें तुम्हें ही ले डूबेंगी। एक दिन जनता जागेगी और पलटकर तुम पर वार करेगी। तुम्हारी कुटिल चालें और अत्याचार देखकर विधाता रुष्ट हो रहा है। भाग्य रूपी सुन्दरी जो आज तक तुम्हारे साथ यश, कीर्ति, समृद्धि बनकर बैठी है, उसकी भौंहों में भी बल पड़ने लगे हैं। वह चिन्ता में पड़ गयी है। तुम्हारी कुटिलताएँ उसे तुम्हारा विरोध करने के लिए प्रेरित कर रही हैं। हे शूद्र राजन, समय आ गया है जब राजसिंहासनों से कुसंस्कारी शूद्र हटाये जायें और उत्तम क्षत्रियों को सम्राट बनाया जाये क्योंकि वर्ण व्यवस्था के अनुसार शूद्र का कार्य सेवा का है और क्षत्रिय अपने बल पौरुष से राज्य करेंगे।

नन्द चाणक्य की बात सुनकर ग़ुस्से से उबल पड़ता है और सेवकों से कहता है कि इस ब्राह्मण की चोटी (शिखा) पकड़कर इसे महल से बाहर कर दो। वह चाणक्य से कहता है-तू यह समझकर मुझे डरा रहा है कि तू ब्राह्मण है और ब्राह्मण अवध्य होते हैं। उन्हें कोई नहीं मार सकता मगर ये तेरी ग़लतफ़हमी है। मैं

तुझे मार सकता हूँ। सेवक चाणक्य की चोटी पकड़कर घसीटता है तब चाणक्य उसे भी धिक्कारते हुए कहते हैं कि खींच ले ब्राह्मण की शिखा को क्योंकि तुझमें न्याय-अन्याय और अच्छे-बुरे को समझने का विवेक नहीं रहा क्योंकि तू शूद्र का अन्न खाकर बड़ा हुआ कुत्ता है। कुत्ता स्वामी के सामने पूँछ हिलाता है, तू भी अपने स्वामी का कहना मान। परन्तु मेरी शिखा खुली रहेगी जब तक नन्द कुल का सर्वनाश नहीं हो जाता, यह मेरी प्रतिज्ञा है। प्रस्तुत अंश में चाणक्य की इस प्रतिज्ञा का साक्षात्कार हो रहा है जिसके अन्तर्गत उसने न केवल नंदवंश को निर्मूल किया अपितु तत्कालीन योग्यतम शासक भी प्रदान किया।

5. चाणक्य : "भिक्षोपजीवी ब्राह्मण! क्या बौद्धों का संग करते-करते तुम्हें अपनी गरिमा का सम्पूर्ण विस्मरण हो गया। चाटुकारों के सामने हाँ में हाँ मिलाकर, जीवन की कठिनाइयों से बचकर, मुझे भी कुत्ते का पाठ पढ़ाना चाहते हो! भूलो मत, यदि राक्षस देवता हो जाये तो उसका विरोध करने के लिए मुझे ब्राह्मण से दैत्य बनना पड़ेगा...।"

वररुचि : "ब्राह्मण हो भाई! त्याग और क्षमा के प्रमाण-तपोनिधि ब्राह्मण हो...!"

चाणक्य : "त्याग और क्षमा, तप और विद्या, तेज और सम्मान के लिए है– लोहे और सोने के सामने सिर झुकाने के लिए हम लोग ब्राह्मण नहीं बने हैं। हमारी दी हुई विभूति से हमीं को अपमानित किया जाये, ऐसा नहीं हो सकता। कात्यायन! अब केवल पाणिनि से काम न चलेगा। अर्थशास्त्र और दण्डनीति की आवश्यकता है।"

सन्दर्भ : प्रस्तुत पंक्तियाँ जयशंकर प्रसाद के 'चन्द्रगुप्त' नाटक के प्रथम अंक के सप्तम दृश्य से ली गयी हैं।

प्रसंग : मगध के बन्दीगृह में चाणक्य बन्द है, वहाँ राक्षस और वररुचि उससे मिलने आते हैं तथा वररुचि चाणक्य से विद्रोह की भावना त्याग देने की बात कहता है, तब चाणक्य उसे व्यंग्यपूर्ण कथन से धिक्कारते हैं।

व्याख्या : चाणक्य वररुचि से कहते हैं–भिक्षा माँगकर जीविका चलाने वाले ब्राह्मण, क्या तुम ब्राह्मणत्व की गरिमा को भूल गये हो? बौद्धों का साथ देते हुए, राक्षस और नन्द जैसे चाटुकारी, अत्याचारयों की हाँ में हाँ मिला रहे हो ताकि तुम्हारा जीवन सुखी-सम्पन्न हो, कठिनाइयों से बचा रहे? पेट भरने के लिए लात खाकर, अपमानित होकर भी पूँछ हिलाना कुत्ते का कार्य है। तुम ऐसा ही कर रहे हो और मुझे

भी कुत्ता बनने का पाठ पढ़ाना चाहते हो। याद रखो अगर राक्षस देवता हो जाये तो मुझे ब्राह्मण से दैत्य बनना पड़ेगा ताकि मैं उनका विरोध कर सकूँ। वररुचि चाणक्य के धिक्कार का बुरा न मानते हुए उनसे कहता है कि तुम तपस्वी ब्राह्मण हो और त्याग तथा क्षमा ही तुम्हारे आभूषण हैं। तब चाणक्य कहते हैं–त्याग, क्षमा, तप और विद्या किसी सम्मानित और तेजस्वी व्यक्तित्व के सामने सिर झुकाने के लिए बने हैं। लोहे की तलवारों और सोने के सिंहासनों के सामने वे झुकते नहीं। हम ब्राह्मण हैं, हमारी दी गयी शस्त्र और शास्त्र विद्या जैसी अनमोल विभूतियों से ये हमारा ही अपमान करेंगे तो यह सहन नहीं किया जायेगा। चाणक्य वररुचि को कात्यायन कहकर सम्बोधित करते हुए कहते हैं–केवल पाणिनि जैसे व्याकरण ग्रन्थों से भाषा की शुद्धि-अशुद्धि बताने से काम नहीं चलेगा, अब हम ब्राह्मणों को अपनी और अपनी जन्मभूमि, देशभूमि की रक्षा करने के लिए अर्थशास्त्र और दण्डनीति का भी आश्रय लेना पड़ेगा, तभी इस राक्षस और नन्द जैसे अत्याचारियों को सबक़ मिलेगा। इन पंक्तियों में चाणक्य ने एक प्रकार से ब्राह्मण और उसके कर्तव्यों को परिभाषित किया है, जो कुपथगामी राजसत्ता को सुपथ पर लाने का प्रयास न करे और केवल भिक्षा माँगता रहे, ऐसा ब्राह्मण बनना चाणक्य को स्वीकार नहीं।

6. अलका : "महाराज! मुझे दण्ड दीजिए, कारागार में भेजिए, नहीं तो मैं मुक्त होने पर यही करूँगी। कुलपुत्रों के रक्त से आर्यावर्त्त की भूमि सिंचेगी। दानवी बनकर जननी जन्मभूमि अपनी सन्तान को खायेगी। महाराज! आर्यावर्त्त के सब बच्चे आम्भीक जैसे नहीं होंगे। वे इसकी मान-प्रतिष्ठा और रक्षा के लिए तिल-तिल कट जायेंगे। स्मरण रहे, यवनों की विजयवाहिनी के आक्रमण को प्रत्यावर्तन बनाने वाले यही भारत-संतान होंगे। तब बचे हुए क्षतांग वीर, गान्धार को-भारत के द्वाररक्षक को-विश्वासघाती के नाम से पुकारेंगे और उसमें नाम दिया जायेगा मेरे पिता का! आह! सुनने के लिए मुझे जीवित न छोड़िए, दीजिए-मृत्युदण्ड!"

सन्दर्भ : प्रस्तुत पंक्तियाँ जयशंकर प्रसाद के 'चन्द्रगुप्त' नाटक के प्रथम अंक के अष्टम दृश्य से ली गयी हैं।

प्रसंग : गान्धार-नरेश के कक्ष में उसकी पुत्री अलका को लेकर यवन प्रवेश करता है और बताता है कि हम चढ़ाई करने के लिए जो पुल बनवा रहे हैं, उसका मानचित्र इन्होंने एक स्त्री से बनवा लिया है। जब मैंने माँगा तो इन्होंने वह मानचित्र एक युवक को दिया और उसे वहाँ से जाने को कह दिया। चूँकि मानचित्र देखकर

ये हमारे सारे गोपनीय कार्य-व्यापार को जान गयी हैं, इसलिए इन्हें (अलका) बन्दी बनाना अनिवार्य था। आम्भीक भी देशद्रोहियों के साथ शामिल था, महाराज! अलका अपनी पुत्री को छोड़ देने की बात कहता है। इस पर अलका ने ये पंक्तियाँ कहीं।

व्याख्या : अलका कहती है–महाराज मुझे दण्ड दीजिए, कारागार में बन्दी करवा दीजिए, अन्यथा मैं मुक्त रहकर वही करूँगी जो मैंने आज किया है। मैं अपने राज्य के विरूद्ध चल रहे षड्यन्त्रों का पता लगाऊँगी और देशभक्त मित्रों के साथ मिलकर निष्फल करने का प्रयत्न करूँगी। इसलिए मुझे मुक्त मत रखिए अन्यथा मैं अपने भाई के (आम्भीक के) षड्यन्त्रों और देशद्रोह को चुनौती दूँगी। जब इस धरती की कुछ सन्तानें दानव बनकर अपने रक्त सम्बन्धों को मिटाने पर तुल जायेंगी तो इसी धरती के कुछ सपूत इन दानवों को मौत के घाट उतार देंगे और धरती उनके रक्त से लाल हो जायेगी, महाराज! इस धरती के सभी लाल आम्भीक जैसे देशद्रोही और स्वार्थी नहीं हैं। वे अपनी धरती के लिए, अपनी धरती माँ की मान-पतिष्ठा और रक्षा के लिए अपने प्राणों को उत्सर्ग कर देंगे। याद रहे, महाराज! यवनों की विजयी सेना के आक्रमण को निष्फल बनाने वाली भारत की सन्तानें होंगी जो लड़ते-लड़ते मर जायेंगी। विजयी यवनों के बीच जो घायल क्षत-विक्षत, विकलांग और देशभक्त बचेंगे, वे गान्धार को जो भारत का द्वार है तथा गान्धार प्रदेश को विश्वासघाती के नाम से पुकारेंगे। उन विश्वासघातियों में आपका यानी मेरे पिता का भी नाम होगा। (अलका चुनौती देती हुई कराह उठती है) मेरे पिता को लोग विश्वासघाती कहेंगे तो मुझे लज्जा से गड़ जाना होगा, पिताजी! इसलिए ऐसा दिन देखने से पहले मैं मर जाना पसन्द करूँगी। आप मुझे जीवित न छोड़ें, मृत्युदण्ड दे दें क्योंकि आप स्वयं देशद्रोहियों का साथ छोड़ेंगे नहीं, अपने पुत्रमोह में आम्भीक के देशद्रोह को भी प्रश्रय देंगे। इसलिए मैं ही अपना जीवन समाप्त करना चाहती हूँ। देशद्रोही की बेटी और बहन कहलाकर तो जीवित रहने से मर जाना अच्छा है। अपने लिए मृत्युदण्ड माँगते हुए अलका ने अपने देशद्रोही पिता की प्रतारणा इन वाक्यों में की है।

7. दण्ड्यायन : "मेरी आवश्यकताएँ परमात्मा की विभूति प्रकृति पूरी करती है। उसके रहते दूसरों का शासन कैसा?

समस्त आलोक, चौतन्य और प्रणशक्ति प्रभु की दी हुई है। मृत्यु के द्वारा वही इसको लौटा लेता है। जिस वस्तु को मनुष्य दे नहीं सकता, उसे ले लेने की स्पर्धा से बढ़कर दूसरा दम्भ नहीं। मैं फल-मूल खाकर, अंजलि से जलपान कर, तृण शय्या

पर आँख बन्द किये सोये रहता हूँ। न मुझसे किसी को डर है न मुझको डरने का कारण है। तुम यदि हठात् मुझे ले जाना चाहो तो केवल मेरे शरीर को ले जा सकते हो, मेरी स्वतन्त्र आत्मा पर तुम्हारे देवपुत्र का भी अधिकार नहीं हो सकता।"

सन्दर्भ : प्रस्तुत पंक्तियाँ जयशंकर प्रसाद के 'चन्द्रगुप्त' नाटक के प्रथम अंक के एकादशम दृश्य से ली गयी हैं।

प्रसंग : सिन्धु के तट पर एक तपस्वी दण्ड्यायन का आश्रम है। वहाँ सिकन्दर का साथी एनिसाक्रीटीज आता है और तपस्वी से कहता है कि जगत् विजेता सिकन्दर आपका उपदेश सुनना चहते हैं, चलिए। इस पर दाण्ड्यायन उससे कहते हैं कि सिकन्दर अभी झेलम भी पार नहीं कर पाया है और स्वयं को जगत्-विजेता कहने लगा। मैं लोभ, भय या सम्मान के लिए किसी के पास नहीं जाता। तपस्वी के मना करने पर एनिसाक्रीटीज उसे दण्ड का भय दिखाता है तब तपस्वी ने उपरोक्त पंक्तियाँ कही हैं।

व्याख्या : एनिसाक्रीटीज दाण्ड्यायन से कहता है कि यदि आप सिकन्दर को उपदेश देने नहीं चलेंगे तो वे आपको दण्ड देंगे। इस पर दाण्ड्यायन कहते हैं–मै इस धरती पर केवल परमात्मा का शासन मानता हूँ, किसी और का नहीं। मेरी सारी आवश्यकताएँ यह प्रकृति पूरी करती है। धरती, आकाश, नदी, पर्वत, जड़-चेतन आदि। यह प्रकृति परमात्मा की अनुपम देन है। यह सारा आलोक अर्थात् प्रकाश, चौतन्य अर्थात् विवेक और बुद्धि, प्राणशक्ति सब कुछ परमात्मा का दिया हुआ है। उसी ने जीवन दिया है, वही ले लेता है। मनुष्य का जीवन और जीवन का समस्त वैभव तथा मृत्यु सब परमात्मा के वश में है, फिर किसी मनुष्य का क्या भय मानना? जो दूसरों को दण्ड देने और मृत्युदण्ड देने की बात करता है, वह मनुष्य मूर्ख है, दम्भी है और विवेकहीन है। जो वस्तु अर्थात् जीवन वह किसी को दे नहीं सकता, उसे लेने की बात उसका घमण्ड ही है। मैं तो फल-मूल खाता हूँ जो धरती देती है, अंजलि से पानी पीता हूँ जो नदी देती है और धरती के ही घास-तिनकों की शय्या पर सो जाता हूँ। इसलिए मुझे किसी का कोई डर नहीं है और न ही किसी को मुझसे डरना चाहिए। यदि तुम मुझे ज़बरदस्ती उठाकर ले जाना चाहते हो तो केवल शरीर को ही ले जा सकोगे, मन को नहीं। मेरी स्वतन्त्र आत्मा पर किसी और का अधिकार नहीं हो सकता, तुम्हारे देवपुत्र सिकन्दर का भी नहीं। मुझसे कोई बलपूर्वक कुछ नहीं करवा सकता। पंचभूतात्मक नश्वर शरीर के स्थान पर शाश्वत आत्मरूप

को स्वीकार करने वाले 'दर्शन' का दर्शन दाण्ड्यायन की इन पंक्तियों में किया जा सकता है।

8. चाणक्य : "उसकी चिन्ता नहीं। पौधे अन्धकार में बढ़ते हैं, और मेरी नीति-लता भी उसी भाँति विपत्ति-तम में लहलही होगी। हाँ, केवल शौर्य से काम नहीं चलेगा। एक बात समझ लो, चाणक्य सिद्धि देखता है, साधन चाहे कैसे ही हों। बोलो तुम लोग प्रस्तुत हो?"

सन्दर्भ : प्रस्तुत पंक्तियाँ जयशंकर प्रसाद के 'चन्द्रगुप्त' नाटक के द्वितीय अंक के द्वितीय दृश्य से ली गयी हैं।

प्रसंग : झेलम नदी के तट के पास जंगल में चाणक्य, चन्द्रगुप्त और अलका बातें कर रहे हैं, तभी वहाँ सिंहरण और गान्धार राज पहुँच जाते हैं। सिंहरण कहता है (चाणक्य से) कि विपत्ति के बादल मँडरा रहे हैं, आप कुछ आज्ञा दें। तब चाणक्य ने उपरोक्त पंक्तियाँ कहीं।

व्याख्या : चाणक्य कहते हैं-विपत्तियों की चिन्ता मत करो। इन विपत्तियों से ही हमें साहस और उत्साह मिलेगा और हम निरन्तर विजय-मार्ग पर आगे बढ़ते जायेंगे। पौधे अन्धकार में बढ़ते हैं अर्थात् दिन भर सूर्य की तपन से ऊर्जा इकट्ठी करते हैं और रात में उसी ऊर्जा के सहारे अपना विकास करते हैं। अँधेरा उनके विकास को रोक नहीं पाता जब कि पौधे तो जड़ हैं। उनके पास विवेक और चेतना का अभाव है। फिर हम तो विवेकवान चौतन्य मनुष्य हैं। हम भी इन विपत्तियों के अँधेरों में से आगे बढ़ने का मार्ग निकालेंगे। मेरी नीति-लता भी पौधों की तरह विपत्ति के अन्धकार में लहलहायेगी अर्थात् इस प्रतिकूल परिस्थिति में ही मैं चाणक्य अपनी नीतियों को नया रंग-रूप देकर उन्हें समृद्ध, विकसित और परिस्थितियों के अनुकूल बनाने योग्य बनाऊँगा। हाँ, यह अवश्य है कि केवल शौर्य से अर्थात् बल और बहादुरी से ही काम नहीं चलेगा, थोड़ी कुटिलता अवश्य करनी होगी। चाल चलनी होगी। यही मेरी नीति है। चाणक्य केवल सिद्धि अर्थात् सफलता देखता है। सफल होने के लिए चाहे जो भी साधन प्रयोग करना पड़े, करता है। साम, दाम, दण्ड, भेद कोई भी नीति प्रयोग करनी पड़े, विजय प्राप्त करें, यही हमारा लक्ष्य है। बोलो, क्या आप लोग इसके लिए तैयार हो? कहने का अभिप्राय है कि सत्-लक्ष्य की प्राप्ति के

लिए असत् लोगों से जब जूझना हो तब असत्-साधना भी अपनाने में दोष नहीं है। महाभारत युद्ध में यदि श्रीकृष्ण द्वारा इस नीति को न अपनाया गया होता तब दुर्योधन जैसे अनैतिक व्यक्ति को पराजित करना सम्भव नहीं था।

9. मालविका : "(प्रवेश करके) फूल हँसते हुए आते हैं, फिर मकरन्द गिराकर मुरझा जाते हैं, आँसू से धरणी को भिगोकर चले जाते हैं। एक स्निग्ध समीर का झोंका आता है, निःश्वास फेंककर चला जाता है। क्या पृथ्वीतल रोने के लिए ही है? नहीं सबके लिए एक ही नियत तो नहीं। कोई रोने के लिए है तो कोई हँसने के लिए।"

सन्दर्भ : प्रस्तुत पंक्तियाँ जयशंकर प्रसाद के 'चन्द्रगुप्त' नाटक के द्वितीय अंक के चतुर्थ दृश्य से ली गयी हैं।

प्रसंग : मालव में सिंहरण के उद्यान में टहलते हुए मालविका फूलों के जीवन और मनुष्यों के जीवन पर दार्शनिकतापूर्ण दृष्टि से विचार करती है।

व्याख्या : सिंहरण के उद्यान में टहलती हुई मालविका ने खिले हुए सुन्दर फूलों को देखा और फिर मुरझाकर धरती पर गिरे फूलों को भी देखा तो वह सोचती है कि इनका और मनुष्य का जीवन मिलता-जुलता है। फूल खिलते हैं तो लगता है जैसे हँस रहे हों, अपनी हँसी, सौन्दर्य, सुगन्ध और पराग की समृद्धि लेकर सुखी-समृद्ध मनुष्य की तरह ही भरपूर हँसी हँस रहे हैं। फिर ये अपना पराग मनुष्यों, पक्षियों (भौरों आदि) आदि पर लुटाकर सर्वस्व दान कर मुरझा जाते हैं और ओस-कणों के रूप में प्रकृति के आँसुओं को समेटे हुए धरती पर गिर जाते हैं। जहाँ ये गिरते हैं, इनके आँसुओं को समेटे हुए धरती नम हो जाती है। वियोग का दुःख संसार की नश्वरता को प्रकट कर शान्त हो जाता है। ठण्डी, सुगन्धित हवा का एक झोंका आता है और इन गिरे हुए फूलों को उड़ाकर कुछ दूर ले जाता है, जैसे हवा इन फूलों के दुःख पर ठण्डी साँस भर रही हो। वह सोचती है, क्या धरती सिर्फ़ रोने के लिए है? नहीं, क्योंकि यह नियम सभी पर लागू नहीं होता। कुछ फूल टूटकर गिरते हैं और वहीं दूसरे ढेर सारे फूल खिल जाते हैं। एक मनुष्य जाता है तो संसार में दूसरा जन्म ले लेता है। यहाँ कोई हँसता है तो कोई रोता है, कोई जीता है तो कोई मरता है, कोई जाता है तो कोई आता है। सृष्टि का चक्र निरन्तर चलता रहता है।

10. कार्नेलिया : "सिकन्दर ने भारत से युद्ध किया है और मैंने भारत का अध्ययन

किया है। मैं देखती हूँ कि यह युद्ध ग्रीक और भारतीयों के अस्त्र का ही नहीं, इसमें दो बुद्धियाँ भी लड़ रही हैं। यह अरस्तू और चाणक्य को चोट है, सिकन्दर और चन्द्रगुप्त तो उनके अस्त्र हैं।"

सन्दर्भ : प्रस्तुत पंक्तियाँ जयशंकर प्रसाद के 'चन्द्रगुप्त' नाटक के तृतीय अंक के द्वितीय दृश्य से ली गयी हैं।

प्रसंग : रावी तट के उत्सव शिविर में कार्नेलिया, चन्द्रगुप्त, फिलिप्स आदि के मध्य बातें होती हैं। सिल्यूकस हार जाता है और विजेता चन्द्रगुप्त से अपनी बेटी कार्नेलिया का विवाह करना चाहता है। कार्नेलिया भारत से प्रेम करने लगती है और इस देश का गहन अध्ययन करती है। वह चन्द्रगुप्त से उल्लिखित पंक्तियाँ कहती है।

व्याख्या : कार्नेलिया कहती है कि मैं भारत को सिकन्दर से अधिक जानती-पहचानती हूँ, क्योंकि सिकन्दर ने भारत से युद्ध किया है जब कि मैंने भारत का अध्ययन किया है। युद्ध करने वाला केवल जीतने का इच्छुक होता है, वह जिस देश को, स्थान को जीतना चाहता है, उसे लगाव रहित होकर निशाना बनाता है। तोड़ता-लूटता और छीनता है। वह नहीं जानता, यह जीत भौतिक है जब कि संस्कृति आत्मा के भीतर बसती है। वह जुड़ने, पढ़ने, देखने और आसक्ति से पता चलती है। मैं भारतीय संस्कृति को जान सकी हूँ, क्योंकि इसके इतिहास और वर्तमान से मैं प्रभावित हूँ। यह युद्ध भारत और ग्रीक के बीच केवल अस्त्रों का युद्ध नहीं था बल्कि दो बुद्धियों का युद्ध था। ये बुद्धियाँ अरस्तू और चाणक्य की हैं। चाणक्य ने चन्द्रगुप्त को और सिकन्दर ने अरस्तू के सिद्धान्तों का अस्त्र धारण किया। चाणक्य कहता है, तामस त्याग से सात्विक ग्रहण उत्तम है। इस सात्विक ग्रहण से तामस-त्याग बिना प्रयत्न के ही हो जाता है। अत: चाणक्य की कुटिल नीति चन्द्रगुप्त को विजेता बनाती है।

11. चाणक्य : " ...चाणक्य यह नहीं मानता कि कुछ असम्भव है। तुम राक्षस से प्रेम करके सुखी हो सकती हो, क्रमश: उस प्रेम का सच्चा विकास हो सकता है। और मैं, अभ्यास करके तुमसे उदासीन हो सकता हूँ; यही मेरे लिए अच्छा होगा। मानव-हृदय में यह भाव-सृष्टि तो हुआ ही करती है। यही हृदय का रहस्य है। तब हम लोग जिस सृष्टि में स्वतन्त्र हों, उसे परवशता क्यों मानें? मैं क्रूर हूँ, केवल वर्तमान के लिए, भविष्य के सुख-शान्ति के लिए, परिणाम के लिए नहीं। श्रेय के लिए, मनुष्य को सब त्याग करना चाहिए, सुवासिनी! जाओ।"

सन्दर्भ : प्रस्तुत पंक्तियाँ जयशंकर प्रसाद के 'चन्द्रगुप्त' नाटक के चतुर्थ अंक के षष्ठम दृश्य से ली गयी हैं।

प्रसंग : चाणक्य से उसकी प्रिया सुवासिनी मिलती है। वह उसके साथ जीवन बिताना चाहती है लेकिन चाणक्य कहता है कि तुम राक्षस से विवाह करो, इसी में हम दोनों का, मगध का कल्याण होगा। क्योंकि तुम्हारा मुझसे प्रेम बचपन का खेल था। तुमने राक्षस से ही प्रेम की परिभाषा सीखी है।

व्याख्या : चाणक्य सुवासिनी से कहता है कि तुम मुझे नहीं भूल सकती, यह कहना ग़लत है, मैं कुछ भी असम्भव नहीं मानता। तुम प्रयत्न करो, धीरे-धीरे सब कुछ सामान्य हो जायेगा। तुम राक्षस से प्रेम करके सुख का अनुभव करने लगोगी और धीरे-धीरे वह प्रेम बढ़ता ही जायेगा और मैं भी प्रयत्न करके तुमको भूलकर तुमसे विरक्त हो सकता हूँ, यही मेरे लिए ठीक होगा। मनुष्य के हृदय में भावनाओं की सृष्टि और परिवर्तित होना तो चलता ही रहता है। भावनाएँ आपना रूप और लक्ष्य बदलती रहती हैं, यही तो हृदय का रहस्य है जिसे हृदय के अतिरिक्त कोई नहीं जान पाता। फिर इस संसार में हम स्वतन्त्र रहना चाहते हैं तो मन के हाथों परतन्त्र क्यों बनें? भावनाओं के बन्दी क्यों बनें? हमें भावनाओं को वर्तमान और भविष्य के अनुकूल बनाना होगा। अभी मेरी बातें तुम्हें क्रूरतापूर्ण लग रही होंगी लेकिन मैं भविष्य की सुख-शान्ति के लिए यह सब कह रहा हूँ। अभी भावुक होकर तुम मेरे यौवन के प्रेम में बन्ध भी जाओ तो तुम्हारा परिपक्व अवस्था में राक्षस से हुआ प्रेम तुम्हें सुखी नहीं रहने देगा। इसलिए जाओ, राक्षस से विवाह करके सुखी रहो।

यहाँ द्रष्टव्य है कि अपने प्रतिद्वन्द्वी राक्षस के प्रति भी चाणक्य अपनी भावनाओं के अधीन न होकर यथार्थ कल्याणपरक दृष्टि रखते हैं। उसकी क्रूरता वर्तमान की दुर्दशाओं के प्रति उनके विनाश के लिए है, इसीलिए वह एक मगध के भावी कल्याण के लिए अपने आकर्षण व स्वार्थ से ऊपर उठते हैं।

12. *"अरुण यह मधुमय देश हमारा*
जहाँ पहुँच अनजान क्षितिज को मिलता एक सहारा
सरस तामरस गर्भ विभा पर नाच रही तरुशिखा मनोहर
छिटका जीवन हरियाली पर-मंगल कुमकुम सारा
लघु सुरधनु से पंख पसारे शीतल मलय समीर सहारे
उड़ते खग जिस ओर मुंह किये-समझ नीड़ निज प्यारा
बरसाती आंखों के बादल-बनते जहाँ भरे करुणा जल

लहरें टकरातीं अनन्त की-पाकर जहाँ किनारा
हेम-कुम्भ से उषा सबेरे-भरती ढुलकाती सुख मेरे
मदिर ऊँघते रहते जब-जग कर रजनी भर तारा"

सन्दर्भ : प्रस्तुत गीत की पंक्तियाँ जयशंकर प्रसाद के 'चन्द्रगुप्त' नाटक के द्वितीय अंक के प्रथम दृश्य से ली गयी हैं।

प्रसंग : उद्भाण्ड में सिन्धु नदी के किनारे ग्रीक शिविर के पास वृक्ष के नीचे बैठी हुई कार्नेलिया भारत के प्राकृतिक सौन्दर्य से अभिभूत होकर यह गीत गाती है।

व्याख्या : प्रसाद जी कहते हैं कि हमारा देश भारत मधुमय है। मधु से तात्पर्य शहद जैसी मिठास, स्निग्धता और अमृत है। हमारे देश में परम्पराओं की, सम्बन्धों की मिठास है। हमारी संस्कृति अमर है। भोर के समय उदित होते हुए बाल रवि को अरुण कहते हैं, वह लाल रंग का होता है, विकासशील होता है। धीरे-धीरे वह बाल अरुण बड़ा और सुनहरा होता जाता है और प्रखर सूर्य में, सोने के गोले में बदल जाता है। सारी धरती इसके प्रकाश से आच्छादित हो जाती है। यह धरती को ऊष्मा, उर्वरता और जीवन-शक्ति प्रदान करता है। सूर्य के इन्हीं गुणों की तुलना प्रसाद जी नवस्वतन्त्र भारत से करते हैं कि यह अभी-अभी पराधीनता के अन्धकार से निकला बाल अरुण है। यह सुन्दर, कोमल, विकासशील है। धीरे-धीरे यह भौतिक, वैज्ञानिक, सांस्कृतिक, सामाजिक विकास करेगा और संसार पर सूर्य की तरह राज्य करेगा। हमारे देश में अनजान लोगों को भी आश्रय देने की सामर्थ्य है। यह सबको अपनाता है। भारत के सौन्दर्य का वर्णन करते हुए प्रसाद जी कहते हैं कि तालाबों में रस से भरे कमल खिले हैं। उन कमलों का मध्य भाग (गर्भक्षेत्र) पराग से भरा और सुन्दर, सुगन्धित है। तालाब के किनारे खड़े पेड़ों की छाया इन कमलों के मध्य में पड़कर अद्भुत सौन्दर्य की सृष्टि कर रही है। इन कमलों का गुलाबी रंग और पेड़ों की हरियाली देखकर ऐसा लगता है जैसे हरे-भरे जीवन पर किसी ने मंगलसूचक कुमकुम छिड़क दिया हो। शीतल चन्दन-सी सुगन्धित हवा बह रही है। मोर अपने पंख पसारे नृत्य कर रहे हैं। पक्षी हरियाली के मध्य अपने घोंसलों की ओर मुँह किये उड़ रहे हैं अर्थात् ये पेड़-पौधे, प्रकृति मनुष्य को ही नहीं पक्षियों को भी सुन्दर आश्रय प्रदान करते हैं। भारत की संस्कृति में एकता, समन्वय, त्याग, बलिदान, करुणा, प्रेम की भावना है। यहाँ बादलों से बरसने वाला जल भी ऐसा लगता है जैसे धरती के प्राणियों की आवश्यकता को समझकर बादल रूपी आँखें करुणा-रूपी जल बरसा रही हैं। यहाँ सागर की लहरें किनारों से टकराकर लौटती हैं और

मर्यादा का ध्यान रखती हैं। सागर जैसी सर्वशक्तिमान अथाह जल राशि भी मर्यादा भंग नहीं करती, फिर मनुष्यों की तो बात ही क्या है? सूर्योदय के समय का दृश्य इतना मनोरम लगता है कि जैसे उषा (भोर), हेमकुम्भ (सोने का घड़ा) लेकर सुख रूपी प्रकाश भरकर ला रही है और धरती पर फैला रही है ताकि मनुष्य-पशु-पक्षी, समस्त चराचर सुखी हों। रात में जब तारे आसमान में जागकर धरती की रखवाली करते प्रतीत होते हैं तब लगता है जैसे वे मदमस्त हैं, ऊँघ रहे हैं, नींद में डूबना चाहते हैं लेकिन रात के अन्धकार में अपना उत्तरदायित्व समझकर, जागकर सृष्टि की रखवाली कर रहे हैं।

उल्लिखित पंक्तियाँ भारत के प्रति कवि के गहन प्रेम को दर्शाती हैं। इस प्रेम के वशीभूत होकर कवि ने भारत के प्राकृतिक सौन्दर्य को जीवन्त बना दिया है।

13. *"बिखरी किरन अलक व्याकुल हो विरस वदन पर चिन्ता लेख,*
छायापथ में राह देखती गिनती प्रणय-अवधि की रेख।
प्रियतम के आगमन-पथ में उड़ न रही हैं कोमल धूल,
कादम्बिनी उठी यह ढँकने वाली दूर जलधि के कूल।
समय-विहग के कृष्णपक्ष में रजत चित्र-सी अंकित कौन-
तुम हो सुन्दरि तरल तारिके! बोलो कुछ, बैठो मत मौन!
मन्दाकिनी समीप भरी फिर प्यासी आँखें क्यों नादान,
रूप-निशा की ऊषा में फिर कौन सुनेगा तेरा गान!"

सन्दर्भ : प्रस्तुत गीत की पंक्तियाँ जयशंकर प्रसाद के 'चन्द्रगुप्त' नाटक के द्वितीय अंक के सप्तम दृश्य से ली गयी हैं।

प्रसंग : अलका पर्वतेश्वर के महल में है। तारों से भरा नीला आकाश और कृष्ण पक्ष की काली रात्रि में वह सिंहरण को याद करती है। उसे लगता है, काली रात अपनी चोटी में तारों के फूल टाँक रही है। प्रकृति सौन्दर्य और प्रिय की स्मृति में वह अपनी मनोव्यथा को गीत का रूप दे देती है।

व्याख्या : अलका गाती है-आसमान में चाँद की अनुपस्थिति (कृष्णपक्ष होने के कारण) में वियोगिनी किरणें इस तरह बिखरी हुई हैं जैसे प्रिय के वियोग से व्याकुल युवती के चेहरे पर पलकें बिखर जाती हैं। वियोग की आग में जलकर देह से सारा जीवन और सौन्दर्य का रस सूख गया है, देह विरस दिखाई देती है तथा उस पर चिन्ता की रेखाएँ भी उभर आती हैं। वह वियोगिनी इस रात्रि के अन्धकार

में तारों की छाया में ही प्रिय की राह देखती है और मिलन की अवधि का लेखा-जोखा करती रहती है। जिस राह से प्रिय को आना है, उस पर प्रतीज्ञा में डूबी साँसों की कोमल धूल उड़ रही है लेकिन धूल को ढँकने के लिए आँसुओं की धाराएँ इस तरह उमड़ रही हैं जैसे किसी सागर की लहरें उसके किनारों को ढँकने के लिए उमड़ी चली जाती है। प्रिया तारों को सम्बोधित करते हुए कहती है कि समय पक्षी की तरह उड़कर जा रहा है। कृष्णपक्ष की इस काली रात्रि में चाँदी की तरह श्वेत चित्र-सी अंकित तुम कौन हो तारिके? तुम सुन्दर, सरल ह्रदय की स्वामिनी हो, मेरा ह्रदय पहचानती हो, इसलिए कुछ बोलो, चुप मत रहो, बताओ मेरा प्रिय कब, किस राह से आकर मिलेगा मुझसे। वह स्वयं को सम्बोधित करते हुए कहती है कि पास ही जल से भरी मन्दाकिनी नदी बह रही है। फिर भी तेरी आँखें क्यों प्यासी हैं। तू देशद्रोही (पर्वतेश्वर) के अधीन हैं अर्थात् यह तेरे रूप यौवन की रात्रि का उदय है। अर्थात् प्रिय से मिलकर ही रूप-यौवन और जीवन सार्थक हो पाता, लेकिन पराये, दुष्ट व्यक्ति के अधीन होने से यह रूप-यौवन भी रात्रि की तरह कालिमायुक्त हो गया है। लेकिन तू इसी तरह उदास निराश रही और धैर्य खो बैठी तो जब तेरा प्रिय देश को स्वतन्त्र कराकर तुझे लेने, तुझसे मिलने आयेगा, रूप-यौवन की निशा उषा यानी भोर में परिवर्तित हो जायेगी तब अपने प्रेमगीत किस तरह सुना पायेगी, कौन सुनेगा? यहाँ अलका अपने आप को सांत्वना देती हुई पर्वतेश्वर के अधीन रहकर सिंहरण की प्रतीक्षा करती है।

14. *"मधुप कब एक कली का है!*
पाया जिसमें प्रेमरस, सौरभ और सुहाग,
बेसुध हो उस कली से, मिलता भर अनुराग,
बिहारी कुंजगली का है!
कुसुम धूल से धूसरित, चलता है उस राह,
कांटों में उलझा तदपि, रही लगन की चाह,
बावला रंगरली का है।
हो मल्लिका, सरोजनी या यूथी का पुंज
आलि को केवल चाहिये, सुखमय क्रीड़ा-कुंज,
मधुप कब एक कली का है!"

सन्दर्भ : प्रस्तुत गीत की पंक्तियाँ जयशंकर प्रसाद के 'चन्द्रगुप्त' नाटक के चतुर्थ अंक के चतुर्थ दृश्य से ली गयी हैं।

प्रसंग : चन्द्रगुप्त अपने प्रकोष्ठ में है। वहाँ मालविका जो उसकी मित्र और प्रिया है, आती है। उसने अपनी गूँथी हुई माला चन्द्रगुप्त को पहना दी। तब चन्द्रगुप्त ने कहा-इन फूलों का रस तो भौंरे ले चुके हैं। मालविका कहती है-निरीह फूलों पर दोष मत लगाइए, सम्राट! उनका काम है सुगन्ध बिखेरना। यह उनका मुक्तदान है। इस दान को भौंरे लें या हवा, उन्हें मतलब नहीं होता। चन्द्रगुप्त उससे कुछ गाने के लिए कहता है। वह गाती है।

व्याख्या : भौंरे और पुरुष की चंचल प्रकृति पर संकेत करती हुई मालविका गाती है कि भौंरा कब किसी एक कली का होकर रहा है। वह तो चंचल चित्तवाला है, कभी इस कली पर, कभी उस कली पर मँडराता है। जिस कली में उसे सुन्दर रंग, सुगन्ध और रस मिल जाये, उसी के प्रेम में बेसुध होकर उससे मिलता है। वह तो कुंजगली का बिहारी है यानी नटखट कृष्ण जैसा फूलों की गली में घूमते रहने वाला है। पराग से लिपटा हुआ, काँटों से उलझता रहता है लेकिन फूलों की लगन नहीं छोड़ता। वह तो प्रेमरूपी रंग में रँगा हुआ बावला है। मल्लिका, सरोजनी या यूथी किसी भी फूल का बगीचा हो, भौंरे को तो केवल ऐसे बाग़ से मतलब होता है जहाँ वह सुख से प्रेम-क्रीड़ा कर सके, पराग का पान कर सके। वह रस पीता है, सुगन्ध से मदमस्त होता है और दूसरी सुन्दर कली की ओर चला जाता है। वह स्वार्थी है। किसी एक कली से बँधकर नहीं रहता।

15. *"हिमाद्रि तुंग श्रृंग से*
प्रबुद्ध शुद्ध भारती-
स्वयंप्रभा समुज्ज्वला
स्वतन्त्रता पुकारती-
अमर्त्य वीरपुत्र हो, दृढ़-प्रतिज्ञ सोच लो,
प्रशस्त पुष्प पन्थ है-बढ़े चलो, बढ़े चलो!
असंख्य कीर्ति-रश्मियाँ,
विकीर्ण दिव्य दाह-सी।
सपूत मातृभूमि के-
रूको न शूर साहसी!
अराति सैन्य सिन्धु में सुवाड़वाग्नि-से जलो!
प्रवीर हो जयी बनो-बढ़े चलो, बढ़े चलो!"

सन्दर्भ : प्रस्तुत गीत की पंक्तियाँ जयशंकर प्रसाद के 'चन्द्रगुप्त' नाटक के चतुर्थ अंक के षष्ठम दृश्य से ली गयी हैं।

प्रसंग : यवनों के आक्रमण से भारत को बचाने के लिए अलका यह गीत गाती और आर्य पताका फहराती हुई नागरिकों का उत्साहवर्धन करती है कि वे आयें और भारत को शत्रुओं से बचाने के लिए युद्ध में सम्मिलित हो जायें।

व्याख्या : अलका कहती है-हे भारतीय नागरिको, हिमालय की ऊँची चोटी से स्वतन्त्रता तुम्हें पुकार रही है। तुम प्रबुद्ध हो और बुद्धिमान और विवेकवान हो, तुम्हारा हृदय शुद्ध है, उसमें छल-कपट, देशद्रोह की गन्दगी नहीं है तो इस स्वतन्त्रता की पुकार को सुनो। यह स्वतन्त्रता स्वयंप्रभा है यानी अपने ही प्रकाश से प्रकाशित है। इसे पाकर मनुष्य अपने जीवन का निर्माण अपने ही परिश्रम से आत्मसम्मान के साथ कर सकता है। यह समुज्ज्वला है अर्थात् यह उज्ज्वलता का समूह है, पवित्र है। इसे प्राप्त करके जीवन धन्य हो जायेगा। अत: हे भारतीयो, तुम दृढ़-प्रतिज्ञा करके आगे बढ़ो, तुम उन अमर वीरों के पुत्र हो जिनका यश अब तक उज्ज्वल और प्रकाशित है, अपने पूर्वजों के नाम को कलंकित मत करो। स्वतन्त्रता प्राप्ति का मार्ग पुण्य-मार्ग है। यह हमारे सामने फैला है, बढ़ो और बढ़कर शत्रुओं को हराकर स्वतन्त्रता प्राप्त कर लो।

हे भारतीयो, तुम्हारे देशभक्त पूर्वजों ने देश के लिए जीवन का उत्सर्ग किया था। उनकी कीर्ति असंख्य किरणों के रूप में फैलकर सूर्य के प्रकाश की तरह आलोक और ऊष्मा प्रदार कर रही है। उन दिव्य आत्माओं के दान को स्मरण करो। तुम मातृभूमि के सपूत हो; शूर, वीर और साहसी हो, रुको मत, आगे बढ़ो! शत्रुओं के सैनिकों का सागर सामने लहरा रहा है अर्थात् असंख्य सैनिक शत्रु खड़े हैं। उनके बीच जाकर उन्हें समाप्त कर दो ठीक वैसे ही जैसे समुद्र में एकत्र हुए कचड़े को वाड़वाग्नि यानी समुद्र की आग जला देती है, सफ़ाई कर देती है। उसी प्रकार शत्रुओं के सागर में वाड़वाग्नि बनकर जलो। तुम सदैव से वीर रहे हो, फिर वीरता दिखाओ, विजेता बनो, आगे बढ़ो!

इकाई चतुर्थ-एकांकी एवं एकांकीकार

एकांकी की परिभाषा

भारतीय तथा पाश्चात्य विद्वानों ने अपने-अपने मतानुसार एकांकी की परिभाषा दी है–

(अ) भारतीय विद्वानों की परिभाषाएँ :

1. डॉ. उदयांकर भट्ट–"एकांकी नाटक में जीवन का एक अंश, परिवर्तन का एक क्षण, सब प्रकार के वातावरण से प्रेरित एक झोंका, दिन में एक घण्टे की तरह, मेघ में बिजली की तरह, बसन्त में फूल के हास की तरह व्यक्त होता है।"

2. डॉ. दशरथ ओझा–"जो नाटक एक अंक में समाप्त होने वाला, एक सुनिश्चित लक्ष्यवाला, एक ही घटा, एक ही परिस्थिति और एक ही समस्या वाला हो; जिसके कथानक में कौतूहल और वेग, गति में विद्युत-सी वक्रता और तेज़ी, विकास में एकाग्रता और आकस्मिकता के साथ चरम सीमा तक पहुँचाने की व्यग्रता हो और जिसका पर्यवसान चरम सीमा पर ही प्रभाव की तीव्रता के साथ हो जाता हो; जिसमें प्रासंगिक कथाओं का प्राय: निषेध, घटनाओं की विविधता का निवारण तथा चारित्रिक प्रस्फुटन में आदि, मध्य और अवसान का वर्जन हो, उसे एकांकी कहना चाहिए।"

3. सेठ गोविन्ददास–"एक ही विचार पर एकांकी नाटक की रचना हो सकती है। विचार के विकास के लिए जो संघर्ष अनिवार्य है, उस संघर्ष के पूरे नाटक में कई पहलू दिखाये जा सकते हैं परन्तु एकांकी में एक पहलू।"

4. प्रो. सद्गुरुशरण अवस्थी–"एकांकी नाटक का सुनिश्चित और सुकल्पित एक लक्ष्य होता है। उसमें केवल एक ही घटना, परिस्थिति अथवा समस्या प्रधान होती है। कार्य कारण की घटनावली, कोई गौण परिस्थिति या समस्या का उसमें स्थान नहीं होता।"

5. डॉ. गोविन्द त्रिगुणायत– "एकांकी नाटक का लघुनाट्य रूप है, जिसमें एक परिस्थिति, एक घटना या एक भावना जनित संवेदना की अभिव्यक्ति किसी संघर्ष के सहारे, चाहे वह बाह्य या आभ्यन्तर, अभिनयात्मक शैली में इस प्रकार की जाती है कि उसमें प्रभाव-ऐक्य का उद्‌बोध हो और उस उद्‌बोध से दर्शक और पाठक दोनों की रागात्मक वृत्ति तिलमिलाकर तड़प उठती है।"

6. डॉ. नगेन्द्र–"एकांकी में हमें जीवन का क्रमबद्ध विवेचन न मिलकर उसके एक पहलू, एक महत्त्वपूर्ण घटना, एक विशेष परिस्थिति अथवा एक उद्दिप्त क्षण का चित्र मिलेगा।"

(आ) पाश्चात्य विद्वानों की परिभाषाएँ-

1. सिडनी बॉक्स–आपने अपनी पुस्तक 'टेकनीक ऑफ़ वन एक्ट प्ले' में कहा है कि, "एकांकी का स्वरूप ऐसा नहीं होता जिसमें चरित्र-चित्रण की सूक्ष्मताओं को महत्त्व दिया जा सके। एकांकी साहित्य की वह नियंत्रित और संयमित विधा है जिससे एक ही घटना को इस प्रकार अभिव्यक्त किया जाता है कि उसके प्रभाव ऐक्य से पाठकों और दर्शकों का मन आकृष्ट और आक्रान्त हो उठता है।"

2. पर्सिवल–"एकांकी नाटक की विशेषता उच्चकोटि की अन्विति एवं मितव्ययिता में है, यह अपेक्षाकृत कम अवधि में अभिनीत होने के लिए होता है और अपनी समग्रता में सभी कार्य-व्यापारों को अन्तर्निहित करने के लिए।"

3. ए.ई.एम. बेलिस–"बेलिस संघर्ष को महत्त्व देते हुए कहते हैं कि, "एकांकी में संघर्ष की प्रधानता होनी चाहिए, क्योंकि संघर्ष सभी नाटकों का प्राण है।"

4. डब्ल्यू.पी. ईटन–"एकांकी की प्रकृति ऐसी होती है कि उसमें नाटककार को किसी विशेष समस्या, किसी विशेष परिस्थिति या घटना का इस प्रकार नियोजन करना पड़ता है कि वह धीरे-धीरे अपने आप विकसित हो जाये।"

एकांकी का उद्भव और विकास

हिन्दी एकांकी के उद्भव एवं विकास के सम्बन्ध में विद्वानों के अलग-अलग मत हैं। कुछ विद्वान हिन्दी एकांकी का विकास संस्कृत नाट्य साहित्य से स्वीकार करते हैं जब कि अन्य विद्वान हिन्दी एकांकी को पाश्चात्य साहित्य की देन मानते हैं। ये दोनों दृष्टिकोण अतिवादी हैं। वास्तविकता यह है कि हिन्दी एकांकी ने प्रारम्भिक रूप में संस्कृत एकांकी से प्रेरणा ली, किन्तु आगे चलकर उसने अपने वर्तमान स्वरूप का निर्माण पाश्चात्य एकांकी के आधार पर किया। इस प्रकार हिन्दी एकांकी के उद्भव में संस्कृत नाट्य साहित्य का प्रभाव प्रत्यक्ष दिखाई पड़ता है और विकास में पाश्चात्य साहित्य का। इसलिए हिन्दी एकांकी दोनों परम्पराओं के प्रति कृतज्ञ है। सम्प्रति उसने एक स्वतन्त्र स्वरूप प्रतिष्ठित कर लिया है।

हिन्दी एकांकी के उद्भव के सम्बन्ध में श्री शिवदान सिंह चौहान का मत उल्लेखनीय है–हिन्दी के आधुनिक नाटकों का सम्बन्ध हम संस्कृत के प्राचीन रूपकों से जोड़ देते हैं, यद्यपि आधुनिक एकांकी विषयवस्तु और कला की दृष्टि से प्राचीन एकांकी रूपकों से बहुत आगे विकास कर आया है। फिर भी, उसके सम्बन्ध में याद रखना चाहिए कि हिन्दी में नाटकों की परम्परा का सूत्रपात करने वाले भारतेन्दु बाबू हरिश्चन्द्र ने जो एकांकी लिखे, उनमें से 'विषयस्य विषमौषधम्' भाण रूपक है, 'धनंजय विजय' व्यायोग की कोटि में आता है, 'अंधेर नगरी' तथा 'वैदिकी हिंसा हिंसा न भवति' प्रहसन है और 'भारत-दुर्दशा' एक रूपक है। आधुनिक एकांकियों में इन रूपकों का शैली-भेद अवश्य है, परन्तु उन्हें हम रूपक कहकर आधुनिक एकांकियों को उनकी परम्परा और उनके वर्ग से अलग नहीं कर सकते, क्योंकि भारतेन्दुकालीन एकांकियों की विषयवस्तु अपने सामयिक सामाजिक और राजनीतिक जीवन से ली गयी थी। यह तथ्य उन्हें आधुनिक जीवन की परम्परा का प्रतिनिधि बना देता है।...हिन्दी के आधुनिक एकांकियों में हमें कला सम्बन्धी जिस मौलिक नवीनता के दर्शन होते हैं, वह एक बड़ी सीमा तक पाश्चात्य नाटककारों की विषयवस्तु चाहे ऐतिहासिक या पौराणिक हो, अथवा वर्तमान जीवन के व्यक्तिगत या सामाजिक संघर्षों से सम्बन्ध रखती हो, उसे नाटकीय रूप देने में वह जिस कलात्मक क्षमता का परिचय देते हैं, उसका संस्कार एक बड़ी सीमा तक पाश्चात्य नाटकों के प्रभाव से हुआ है।

आधुनिक एकांकी का जो रूप आज दिखाई पड़ रहा है, उसकी उत्पत्ति इंग्लैंड में उन्नीसवीं शताब्दी के अन्त में पट-उत्थानक (कर्टेन रेजर) से मानी जाती है। सन् 1903 ई० के अक्टूबर महीने में वेस्ट एण्ड थियेटर (लन्दन) में विलियम जैकब की कहानी 'द मंकीज़ पॉ' (बन्दर का पंजा) एकांकी का नाट्य रूपान्तरण पट-उत्थानक के रूप में खेला गया। मुख्य नाटक प्रारम्भ होने से पहले दर्शकों के मनोरंजनार्थ इसका उपयोग किया जाता था। कालान्तर में इनकी लोकप्रियता अधिक हो गयी, जिसके परिणामस्वरूप पट-उत्थानकों ने स्वतन्त्र एकांकियों का अस्तित्व ग्रहण करना प्रारम्भ कर दिया।

अत: हिन्दी एकांकी का उद्भव, संस्कृत साहित्य के एकांकी से हुआ और उसके विकास में पाश्चात्य एकांकी साहित्य का महत्त्वपूर्ण योगदान है।

हिन्दी की प्रथम एकांकी–भारतेन्दु को आधुनिक हिन्दी नाटक का जन्मदाता निर्विवाद रूप से स्वीकार किया जाता है किन्तु हिन्दी में एकांकी नाटकों के प्रारम्भकर्ता के बारे में मत-वैभिन्य है। डॉ० नगेन्द्र ने जयशंकर प्रसाद को हिन्दी

एकांकी का जन्मदाता मानते हुए उनकी रचना 'एक घूंट' को हिन्दी का प्रथम एकांकी माना है। डॉ. रामचरण महेन्द्र ने नयी टेकनीक का पहला वास्तविक एकांकी प्रसाद के 'एक घूंट' को माना है। डॉ. दशरथ ओझा ने अपने ग्रन्थ "हिन्दी नाटक : उद्‌भव और विकास" में प्रसाद को प्रथम एकांकीकार स्वीकार किया है। डॉ. सत्येन्द्र, डॉ. हरदेव बाहरी, पं. सद्‌गुरु शरण अवस्थी, प्रो. प्रकाशचन्द्र 'एक घूंट' को ही पहला एकांकी तथा प्रसाद को पहला एकांकीकार मानने के पक्षधर हैं। दूसरे पक्ष के डॉ. लक्ष्मीनारायण लाल और विष्णु प्रभाकर प्रो. रामकुमार वर्मा के एकांकी 'बादल की मृत्यु' (1929) को हिन्दी का एकांकी स्वीकार करते हुए डॉ० वर्मा को हिन्दी एकांकी का जनक मानते हैं।

निष्कर्ष रूप में वातावरण स्थान और समय के संकलन, घटनागत संघर्ष, संवादों की मनोवैज्ञानिकता और स्वाभाविकता से मूल्यांकन किया जाये तो जयशंकर प्रसाद के 'एक घूंट' को हिन्दी की प्रथम एकांकी होने का गौरव प्राप्त है।

ऐतिहासिक दृष्टि से हिन्दी एकांकी नाटकों के विकासक्रम को निम्नलिखित तीन चरणों में विभाजित किया जा सकता है–

1. प्रथम चरण–सन् 1873 से 1929 तक
2. द्वितीय चरण–सन्-1929 से 1938 तक
3. तृतीय चरण–सन्-1938 से अब तक

प्रथम चरण–हिन्दी एकांकी नाटकों की विकास-यात्रा का पहला चरण भारतेन्दु काल से ही प्रारम्भ होता है। भारतेन्दु जी ने संस्कृत के उपरूपकों की शैली पर 'भारत दुर्दशा' (नाट्य रासक), 'धनंजय विजय' (व्यायोग), 'माधुरी' (रूपक), 'अंधेर नगरी' (प्रहसन), 'विषमौषधम्' (भाण) आदि की रचना की। भारतेन्दु जी के 'जननी' नामक गीति-नाट्य पर अंग्रेज़ी साहित्य के ऑपेरा की तकनीक का प्रभाव है। नील देवी नाटिका भी दस दृश्यों का एक अभिनय एकांकी है। जिस पर अंग्रेज़ी नाटककार शैली का प्रभाव दिखाई पड़ता है। भारतेन्दु जी ने अपने एकांकियों में एक ओर संस्कृत नाट्यशास्त्र में दिये गये नियमों का अनुसरण किया है तो दूसरी ओर अपनी स्वतन्त्र उद्‌भावना भी की है। उनके समकालीन साहित्यकारों ने भी एकांकी नाटकों की रचना की, जिसमें पं. बालकृष्णभट्ट, पं. प्रतापनारायण मिश्र, लाला श्रीनिवासदास, किशोरीलाल गोस्वामी, राधाकृष्णदास, बद्रीनारायण चौधरी 'प्रेमघन' श्री कार्तिक प्रसाद खत्री तथा अम्बिकादत्त व्यास का नाम महत्त्वपूर्ण है।

भारतेन्दु युग नवचेतना और जागृति का युग था। इसलिए इस काल के रचनाकारों ने देशभक्ति और राष्ट्रीयता का स्वर मुखरित करने वाले एकांकी नाटक लिखें। जिसमें तत्कालीन पराधीनता पर क्षोभ, अतीत की स्मृति, राष्ट्र में आत्मगौरव की भावना का जागरण, आशा-निराशा का द्वन्द्व, उज्ज्वल भविष्य आदि का चित्रण किया गया है। इस समय सामाजिक नवजारगण के साथ-साथ राजनीतिक चेतना उत्पन्न करने का भी प्रयत्न किया गया। इस समय एकांकी साहित्य को प्रेरित करने वाली कई नाट्य-शैलियाँ थीं जिनमें (क) संस्कृत की नाट्य-परम्परा, (ख) अंग्रेज़ी, बंगला, पारसी रंगमंच और (ग) लोक नाटक है। समकालीन एकांकीकारों, ने इनसे प्रेरणा ली। निष्कर्ष रूप में इस युग में परम्परा के प्रभाव की प्रधानता रही। नवीन प्रयोग किये गये। भले ही कला की सूक्ष्म दृष्टि इस काल के एकांकीकारों में न हो, पर वे आधुनिक एकांकियों की पूर्वपीठिका अवश्य तैयार करते हैं।

द्वितीय चरण–हिन्दी एकांकी का दूसरा चरण श्री जयशंकर प्रसाद के एकांकी 'एक घूंट' से माना जाता है। जिसका प्रकाशन सन् 1929 में हुआ। यहीं से हमें एकांकी के शिल्प में महत्त्वपूर्ण परिवर्तन दिखाई पड़ता है। संस्कृत नाट्य-प्रणाली का विदूषक, स्वगत कथन, रसोद्रेक के लिए संगीत-व्यवस्था आदि प्राचीन परम्पराओं के निर्वाह के साथ ही स्थल की एकता, गतिशील कथानक, पात्रों का मनोवैज्ञानिक चरित्र-चित्रण आदि आधुनिक एकांकी की सभी विशेषताएँ 'एक घूँट' में मिलती हैं। 'एक घूँट' की प्रवृत्ति सुखान्त है। इसमें विवाह और प्रेम की समस्या, तीनों अन्वितियाँ, विचार-संघर्ष और आधुनिक रंग-संकेत भरे पड़े हैं। अतः भारतेन्दु ने यदि आधुनिक एकांकी की नींव रखी तो उसे पल्लवित और पुष्पित करने का श्रेय प्रसाद जी को है।

डॉ० रामकुमार वर्मा की रचना 'बादल की मृत्यु' का समय 1929 ही है, परन्तु इसका प्रकाशन काल सन् 1930 है। सन् 1935 में भुनेश्वर प्रसाद का 'कारवाँ' एकांकी संग्रह प्रकाशित हुआ। 1937 ई० में डॉ० रामकुमार वर्मा का 'पृथ्वीराज की आँखें' एवं 1937 में ही डॉ० सत्येन्द्र का 'कुणाल' एकांकी प्रकाशित हुआ। इस काल में जैनेन्द्र कुमार, चन्द्रगुप्त विद्यालंकार, सुदर्शन, गोविन्द वल्लभ पंत आदि के अनेक एकांकी प्रकाशित हुए। सन् 1930 के बाद एकांकी नाटकों के स्वतन्त्र अस्तित्व का संकेत मिलने लगा। 'विश्वामित्र' एवं 'हंस' आदि पत्रिकाओं में एकांकी नाटक 'एकांकी' नाम से प्रकाशित होने लगे। सन् 1929 से 1938 तक का समय हिन्दी एकांकियों के विकास का स्वर्णिम काल माना जाता है। सन् 1938

ई० में 'हंस' पत्रिका का एकांकी विशेषांक प्रकाशित हुआ, जिसमें उस काल के नाटककारों के एकांकी नाटक प्रकाशित हुए। इसी अंक में 'कारवाँ', 'पृथ्वीराज की आँखें' और 'उस पार' की समीक्षा भी प्रकाशित हुई।

इस प्रकार हम कह सकते है कि प्रसाद युग में विभिन्न राजनीतिक दृष्टिकोणों को लेकर एकांकियों की रचना हुई है। उन्होंने प्राचीन भारतीय राष्ट्रीय गौरव की स्थापना करते हुए भविष्य में उसकी प्राप्ति की ओर संकेत किया है। भारतभूमि की स्वतन्त्रता, राष्ट्रभक्ति की भावधारा को भारतीय मानव के अन्त:करण में जगाना इनका प्रमुख उद्देश्य रहा है।

तृतीय चरण-हिन्दी एकांकी के विकास का तीसरा चरण प्रसादोत्तर युग है जिसका समय सन् 1938 से अब तक माना जाता है। इस समय सामाजिक विषयों पर अनेक एकांकी नाटक लिखे गये। प्रस्तुत युग में रामकुमार वर्मा का नाम प्रमुख है। इन्होंने जीवन की वास्तविक सामाजिक समस्याओं को अपने एकांकी में स्थान दिया जिसमें 'स्वर्ग का कमरा', 'एक तौले अफ़ीम की क़ीमत', 'जवानी की डिब्बी', 'रंगीन स्वप्न', 'दस मिनट' आदि उल्लेखनीय है। वर्मा जी के समान उपेन्द्रनाथ अश्क, भुनेश्वर, जगदीश चन्द्र माथुर श्री शम्भुदयाल सक्सेना, हरिकृष्ण प्रेमी, श्री रामवृक्ष बेनीपुरी, श्री सद्गुरु शरण अवस्थी आदि ने भी युगीन सामाजिक रूढ़ियों, परम्पराओं एवं अज्ञानताओं को बड़े ही प्रभावोत्पादक ढंग से अपनी एकांकियों में स्थान दिया।

यह युग राजनीतिक क्रान्ति का युग था। इसलिए तत्कालीन एकांकीकारों ने राजनीतिक समस्याओं का वर्णन करना एवं देशवासियों में देशप्रेम और स्वतन्त्रता की भावना को जगाना अपना कर्तव्य समझा। श्री हरिकृष्ण प्रेमी ने अपनी राजनीतिक एकांकियों में देशभक्त भारतीय नेताओं एवं जनता की स्वतन्त्रता प्राप्ति हेतु किये जाने वाले कार्यों, साम्प्रदायिक एकता की आवश्यकता, राष्ट्र के नवनिर्माण के लिए समर्पित देशभक्तों की चारित्रिक महानता आदि का वर्णन किया। इस दृष्टि से इनकी 'न्याय मन्दिर' 'मातृ मन्दिर' 'राष्ट्र मन्दिर' रचनाएँ महत्त्वपूर्ण हैं। इस प्रकार भगवती चरण वर्मा, लक्ष्मी नारायण मिश्र, जगदीश चन्द्र माथुर आदि युगीन एकांकीकारों ने राजनीतिक भावना से ओत-प्रोत होकर राष्ट्रीयता का स्वर अपनी रचनाओं में दिया। आलोच्य युग के एकांकीकारों ने उन सभी समस्याओं पर व्यंग्यात्मक प्रहार किया जो सामाजिक, राजनीतिक एवं साहित्यिक जीवन के लिए अभिशाप थीं। विशेष रूप से इस श्रेणी के एकांकियों की रचना उपेन्द्रनाथ ने की है। इनकी 'घपले', 'पक्का गाना', 'कइसा साब काइसी बीवी' आदि रचनाएँ हास्य व्यंग्य प्रधान हैं।

अतः यह चरण प्रत्येक दृष्टि से एकांकी साहित्य के लिए समृद्ध रहा। इस चरण में पाश्चात्य नाटककारों जैसे–शॉ, गाल्सवर्दी, इब्सन आदि एकांकीकारों की रचनाओं का हिन्दी अनुवाद होने लगा था। प्रो. अमरनाथ गुप्त ने ए.ए. मिलन के एकांकी का हिन्दी अनुवाद किया। इन अनुदित एकांकियों की माँग रेडियो के क्षेत्र में बढ़ने लगी थी।

डॉ. दशरथ ओझा ने लिखा है कि, "हिन्दी के जितने नाटक आज रेडियो स्टेशनों पर अभिनीत होते हैं, उतने सिनेमा की प्रयोगशालाओं में भी नहीं होते होंगे। अतः नाट्यकला का भविष्य रेडियो रूपक के रचयिताओं के हाथ में है।" आचोच्य युग के एकांकीकारों ने सामाजिक, राजनीतिक, आर्थिक, मानवतावादी तथा यथार्थवादी विचारधाराओं से प्रभावित होकर एकांकियों की रचना की। जिसमें वर्ग संघर्ष, सड़ी-गली रूढ़ियों के प्रति अनास्था, भ्रष्टाचार उन्मूलन, कृषक-मज़दूर की दयनीय स्थिति, मानव मन की सूक्ष्म भावनाओं का विश्लेषण आदि विचार प्रकुख रूप से उभरकर आये। इस क्षेत्र में कणाद ऋषि भटनागर रचित 'नया रास्ता' एवं 'अपना घर', विनोद रस्तोगी रचित 'बहू की विदा' दहेज जैसी कुप्रथा का पर्दाफाश करते हैं।

इस युग के एकांकीकारों ने पौराणिक, सांस्कृतिक, धार्मिक तथा नैतिक प्रसंगों की अभिव्यक्ति अपनी एकांकियों में नवीन विचारों एवं तर्क की कसौटी पर नये दृष्टि से की है। ओंकारनाथ दिनकर की 'गणतन्त्र की गंगा' अभिसारिका, सीताराम दीक्षित की 'रक्षाबन्धन', देवी लाल सामर की 'ईश्वर की खोज', 'आत्मा की खोज' आदि में पौराणिक एवं धार्मिक कथानकों के आधार पर प्राचीन भारतीय सांस्कृतिक, धार्मिक, राजनैतिक, दार्शनिक, मानवतावादी आदर्शों की प्रतिष्ठा की गयी है।

आलोच्य युग के एकांकी रचनाकारों ने विभिन्न सामाजिक, राजनीतिक, आर्थिक, पारिवारिक, वैयक्तिक समस्याओं का वर्णन हास्य व्यंग्य प्रधान शैली में किया है। उदाहरणार्थ–प्रो. जयनाथ नलिन ने 'शान्ति सम्मेलन, 'मेल मिलाप', 'नेता' आदि व्यंग्य प्रधान एकांकी लिखे हैं। कृष्ण किशोर श्रीवास्तव ने 'जीवन का अनुवाद' 'मछली के आँसू', 'बेवकूफ़ की रानी' आदि में सामाजिक यथार्थ का चित्रण कर उस पर व्यंग्यात्मक प्रहार किया है। लक्ष्मीनारायण लाल ने 'सरकारी नौकरी', 'रिश्तेदार', 'मूर्ख', 'गीत के बोल' आदि भावपूर्ण, व्यंग्य मिश्रित एकांकियों की रचना की है। कुछ एकांकीकारों ने मनोविश्लेषण प्रधान एकांकियों की रचना की जिसमें मानसिक कुण्ठाओं एवं जटिल भावना-ग्रन्थियों का तार्किक विश्लेषण किया गया है।

आजकल टेलीविज़न, सिनेमा, कम्प्यूटर, यान्त्रिक दबाव, पठनीयता के अभाव से एकांकी लेखन की गति मन्द पड़ गयी है किन्तु एकांकी का सृजन सर्वथा थम नहीं गया है। हमें विश्वास है कि अनेक कुशल एकांकीकार एकांकी लेखन में प्रवृत्त हैं। समय की धारा के साथ-साथ एकांकी की विषयवस्तु एवं कला-शिल्प में विकास और विस्तार होता रहेगा। निश्चय ही हिन्दी एकांकी का भविष्य उज्ज्वल होगा।

एकांकी के तत्त्व

किसी एकांकी का मूल्यांकन करते समय प्रमुख रूप से अधोलिखित तत्त्वों पर दृष्टि पड़ती है—

1. कथानक या कथावस्तु
2. पात्र और चरित्र-चित्रण
3. संवाद या कथोपकथन
4. देशकाल या वातावरण
5. भाषा-शैली
6. उद्देश्य
7. अभिनेयता और रंग संकेत

कथानक या कथावस्तु–कथावस्तु का सीधा अर्थ काहनी है। कथानक वह आधारशिला है जिस पर एकांकी का ढाँचा खड़ा होता है। कथानक में जीवन का कोई मार्मिक प्रसंग, घटना या अंश हो सकता है। यह अंश इतिहास, पुराण, धर्म, दर्शन, राजनीति आदि किसी भी क्षेत्र से सम्बन्धित हो सकता है। एकांकी के कथानक में सबसे आवश्यक है उसकी मार्मिकता, कुतूहलपूर्णता, विचारोत्तेजकता, उद्वेगजनकता। इनके बिना कथानक अनाकर्षक और निष्प्राण दिखाई देता है। एकांकी के कथानक की चार प्रमुख अवस्थाएँ होती हैं–(1) प्रारम्भ, (2) विकास, (3) नाटकीय संघर्ष या द्वन्द्व, (4) चरम सीमा।

सफल एकांकी का प्रारम्भ सहज एवं आकर्षक होता है। वह पाठकों और दर्शकों के मन कौतूहल एवं जिज्ञासा की सृष्टि करता है। इसी से कथानक की रूपरेखा का निर्माण होता है।

एकांकी की पृष्ठभूमि तैयार हो जाने पर कथा आगे बढ़ती है जिसे विकास की अवस्था कहते हैं।

संघर्ष या द्वन्द्व एकांकी का प्राण तत्त्व हैं। संघर्ष या द्वन्द्व बाह्य और आन्तरिक दो प्रकार का होता है। अन्तर्द्वन्द्व प्रधान एकांकी कला की दृष्टि से उत्कृष्ट कोटि की मानी जाती है।

जहाँ नाटकीय संघर्ष की स्थिति अपने अन्तिम बिन्दु पर पहुँच जाती है और दर्शकों का कुतूहल चरम अवस्था पर पहुँच जाता है, उसे ही एकांकी की चरम सीमा कहा जाता है। इस स्थिति या बिन्दु पर आकर एकांकी के सभी संघर्ष और द्वन्द्व समाप्त हो जाते हैं। दर्शक की जिज्ञासा शान्त हो जाती है। इसी चरम सीमा पर आकर प्रायः सभी सफल एकांकी नाटक समाप्त हो जाते हैं।

संकलन-त्रय की एकांकियों की कथा को सुगठित करने तथा प्रभावोत्पादक बनाने में अहम एवं महत्त्वपूर्ण भूमिका होती है। संकलन-त्रय का अर्थ है–कार्य समय और स्थान की एकता (यूनिटी आफ एक्सन, टाइम एण्ड प्लेस) अर्थात् एकांकी में एक ही कार्य हो और वह एक ही समय और स्थान पर घटित हो। ऐसा सम्भव होने पर कथावस्तु सुगठित हो जाती है। साथ पाठक या प्रेक्षक पर घनीभूत प्रभाव डालती है। डॉ. रामकुमार वर्मा के मतानुसार संकलन-त्रय के सफल निर्वाह में एकांकी की सफलता निहित है। सेठ गोविन्ददास काल और कार्य की अन्विति या एकता को एकांकियों की सफलता के लिए अपेक्षित मानते हैं। विष्णु प्रभाकर एकांकियों में कार्य-व्यापार को ही अनिवार्य स्वीकार करते हैं। देश और काल की अन्विति उनकी दृष्टि में इस हेतु गौण है।

समवेत रूप से यही कहा जा सकता है कि एकांकी की कथावस्तु, सुगठित, प्रभावपूर्ण और रोचक होनी चाहिए, भले ही उसके विन्यास में स्थान और काल की एकता का योगदान हो अथवा न हो। अब तो वैज्ञानिक साधनों के द्वारा ध्वनि और प्रकाश के सहारे स्थान और काल की एकता प्रदर्शित कर लिया गया है।

पात्र और चरित्र-चित्रण–एकांकी की संरचना के लिए पात्रों का होना अनिवार्य है। पात्रों के माध्यम से ही कथावस्तु की प्रस्तुतीकरण सम्भव है। पात्र ही एकांकीकार के विचारों को दर्शकों तक सम्प्रेषित करते हैं। श्रेष्ठ एकांकियों में चरित्रोद्घाटन पर विशेष बल दिया जाता है।

एकांकी नाटकों में पात्रों की संख्या सीमित होनी चाहिए। पात्रों की भीड़भाड़ में एकांकी का प्रभाव खो जाता है। सफल एकांकीकार अपने पात्रों के चरित्र चित्रण में मनोविज्ञान का भी सहारा लेता है। वह अपने पात्रों के अन्तर्द्वन्द्व को अधिक से

अधिक उद्घाटित करता है क्योंकि संघर्ष से ही पात्रों का व्यक्तित्व निखरता है। श्री एस.पी. खत्री के शब्दों में जितना ही लेखक का निरीक्षण तीव्र होगा, जितनी ही उसकी आँखें मँजी हुई होंगी, जितना ही उसका अनुभव व्यापक होगा, उतना ही चरित्र-चित्रण प्रभावपूर्ण होगा।

पात्रों का चरित्र-चित्रण निम्नलिखित तीन प्रकार से हो सकता है–

1. पात्र के रूप में अर्थात् उसकी वेशभूषा और बाह्य रूप-रंग द्वारा।
2. वार्तालाप के द्वारा
3. विभिन्न पात्रों के कार्य-कलापों द्वारा

एकांकीकार को पात्रों के चरित्र में सांकेतिक प्रणाली को अपनाना चाहिए क्योंकि सीमित आकार-प्रकार में होने के कारण एकांकी में विस्तार का अवसर नहीं मिलता। अत: संकेत मात्र से उसकी चरित्रगत विशिष्टताओं का उद्घाटन होना चाहिए, पर यह तो एकांकीकार के कौशल पर निर्भर करता है कि वह किस रूप में अपना मन्तव्य व्यक्त करे। वैसे ही सांकेतिक प्रणाली अधिक प्रभावशाली और मर्मस्पर्शी होती है। चरित्र-चित्रण के विषय में विष्णु प्रभाकर की मान्यता यथार्थ पर आधारित है। आपके अनुसार एकांकी नाटकों के पात्र हमारे समान मनुष्य होने चाहिए तभी तो दर्शक उनके सुख-दु:ख, हर्ष-विषाद और कामना-आकांक्षा में दिलचस्पी ले सकेगा। अर्थात् प्रेक्षकों की संवेदना को जगाने के लिए पात्रों का अधिकाधिक मानवीय एवं विश्वसनीय होना चाहिए।

संवाद या कथोपकथन–संवाद एकांकी का सबसे महत्त्वपूर्ण तत्त्व है। इसके अभाव में एकांकी का निर्माण ही नहीं हो सकता। इसलिए इसे एकांकी का सर्वस्व, एकांकी का प्राण आदि कहा जाता है। संवाद ही एकांकीकार के शिल्प-कौशल का प्रधान निकष है। डॉ. रामकुमार वर्मा के अनुसार–एकांकी का संवाद चरित्र की चारित्रिकता को प्रकट करता है, एकांकी के काव्य-सूत्र को विकसित करता है और पात्रों के भावों को प्रकट करता है। संवाद के माध्यम से ही रचनाकार अपने मन्तव्यों को अभिव्यक्ति प्रदान करता है। संवादों द्वारा ही पात्रों के चरित्र एवं मनोभावों को उभारा जाता है। एकांकीकार तो सदैव परदे के पीछे रहता है। वह तो केवल संवादों के माध्यम से ही दर्शक से साक्षात्कार करता है, इसलिए एकांकी के कथोपकथनों की अधोलिखित विशेषताएँ होनी चाहिए–

संवाद संक्षिप्त, सारगर्भित, स्वाभाविक, वाक्वैदग्धतायुक्त, कथासूत्र को आगे बढ़ाने वाले, पात्रों की चारित्रिक विशिष्टताओं का उद्घाटन करने वाले तथा व्यंजनापूर्ण हो।

2. एक कथन का दूसरे कथन से पूर्वापर सम्बन्ध होना चाहिए।

3. भाषा सरल, सहज, सजीव, सुबोध, संकेतमयी, कथानक की प्रकृति व पात्रानुकूल होनी चाहिए। भाषा में संक्षिप्तता तथा व्यंजनात्मकता आवश्यक है। मोहन राकेश जी ने संवाद में प्रचलित भाषा को महत्त्व दिया हैं। उनके अनुसार कम से कम शब्दों में परिस्थिति एवं पात्र के द्वन्द्व को अभिव्यक्ति देना ही संवाद का प्रयोजन है। स्वाभाविकता के अलावा संवाद में अर्थपूर्णता को भी उन्होंने महत्त्वपूर्ण समझा है।

4. अलंकारों के बोझ से दबी या क्लिष्ट अथवा चमत्कारिक भाषा का प्रयोग नहीं करना चाहिए। भाषा साधारण बोलचाल की तथा पात्रानुकूल हो। स्थानीयता का बोध उसमें भाषा द्वारा ही सम्भव है।

5. एकांकी में स्वगत कथन के लिए स्थान नहीं है।

संवाद के विषय में डॉ. लक्ष्मीनारायण लाल ने कहा है–भाषा कथोपकथन के ही रूप में मूलत: व्यवहृत होती है। फलत: स्पष्टता, सीधेपन के अतिरिक्त इसे मनोरंजक होना आवश्यक है, वरना दर्शक के लिए रुचिकर न हो सकेगा। भाषा को जीवन और चरित्र की आत्मा को पकड़कर चलना होता है।

देशकाल या वातावरण–एकांकी सृष्टि में देशकाल का महत्त्व विशेष रूप से स्वीकार्य है। इसके अन्तर्गत दो तथ्यों पर विशेष रूप से ध्यान दिया जाता है। प्रथम, जिस समय एवं स्थान अथवा अंचल से सम्बन्धित कथावस्तु हो, उसी के अनुरूप वातावरण प्रस्तुत किया जाये। इससे एकांकी में स्वाभाविकता आती है। द्वितीय, एकांकी में घटित होने वाली घटना का क्षेत्र, स्थान और घटित होने की अवधि ऐसी हो जो नाटक की समय-सीमा को देखते हुए अस्वाभाविक प्रतीत न हो।

एकांकीकार को यह ध्यान देना होता है कि वह पात्रों के जिन कार्य-व्यापारों का चित्रण कर रहा है, कहीं वे समय की सीमा का अतिक्रमण न कर जायें। इसके साथ ही देशकाल के अन्तर्गत इस बात का भी ध्यान रखना ज़रूरी होता है कि एकांकी में जिस देश अथवा समाज की कहानी वर्णित हो, उसके सामाजिक, राजनीतिक, धार्मिक, आर्थिक परिस्थितियों का भी यथार्थ-चित्रण किया जाये। उसे इसमें

सामाजिक रीति-रिवाज, रहन-सहन, व्यक्तिगत वेशभूषा और स्थानीय वैशिष्ट्यों पर विशेष रूप से सूक्ष्म दृष्टि रखनी पड़ती है। इसके माध्यम से वह एकांकी के कथानक को रोचक, विश्वसनीय और सहज बनाने में सफल होता है। दृश्य-योजना एवं संवाद-शैली को देशकाल के अनुरूप विन्यस्त करने पर ही एकांकीकार की सफलता निर्भर करती है। जिसके लिए उसे सामाजिक जीवन की गहरी समझ होनी चाहिए। इसके माध्यम से वह कथा एवं पात्रों के अनुकूल अभिवादन-शैली, पूजा प्रणाली और उत्सव-पद्धति आदि को पुनरुज्जीवित करने का सामर्थ्य अर्जित करता है। इन सबका निर्माण एकांकीकार प्राय: रंग-निर्देश से करता है। इसे रंग-संकेत या नाट्य-संकेत भी कहा जाता है।

भाषा-शैली–भाषा अभिव्यक्ति का माध्यम है। पात्रों के संस्कारों, उनकी रुचियों, उनके परिवेश को ग्रहण करते हुए उनको भाषा प्रदान करना एकांकीकार का दायित्व है। भाषा में संवेदनशीलता, पात्रानुकूलता, प्रवाहात्मकता, रोचकता को सँजोना ही एकांकी की सफलता है। भाषा-साहित्यिक व कल्पना प्रधान रूप यहाँ स्वीकार्य है पर उसे दुर्बोध, जटिल एवं कर्णकटु नहीं होना चाहिए। मोहन राकेश के अनुसार–"एकांकीकार को कम से कम शब्दों में पात्र के चरित्र, कथा-विकास और एकांकी की मूल संवेदना को दर्शकों तक सम्प्रेषित करना होता है। अत: भाषा सम्प्रेषणीय होना चाहिए। जैसे–शिक्षित और मूर्ख या हिन्दू और मुसलमान पात्रों की भाषा एक समान नहीं हो सकती। इसी प्रकार बौद्धिक नाटक की जो भाषा होगी वही प्रहसन की भाषा नहीं हो सकती। साथ ही, यह भी ध्यान देना आवश्यक है कि एकांकी नाटक जिस समाज के मध्य मंचित हो रहा है, उसके लिए भी वह बोधगम्य हो।

शैली का सम्बन्ध लेखक के व्यक्तित्व से होता है जिसका निर्माण प्रतिभा, अभ्यास, रुचि और परिवेश से होता है। मनोविश्लेषण, व्यंग्य और सांकेतिक उक्तियों द्वारा एकांकीकार अपनी शैली को विविध रूप व आयाम देता है। भाषा का सहज एवं प्रवाहपूर्ण होना, अलंकृत होना, वार्ता या भाषण-शैली को जोड़ना, यह सब कुछ एकांकीकार की प्रकृति पर निर्भर करता है। भाषा और शैली में अन्योन्याश्रित सम्बन्ध है, दोनों एक-दूसरे से जुड़े रहने वाले तत्त्व हैं। समर्थ रचनाकार ही विविध शैलियों का प्रयोग करता है। विष्णु प्रभाकर जी के अनुसार–नाट्य-भाषा का नाट्य सफलता में विशेष योगदान रहता है। नाटक को मंचानुकूल बनाने के लिए उन्होंने लोक

व्यवहृत अथवा जन प्रचलित भाषा का समर्थन किया है। उनके विचार से एकांकी नाटक की भाषा वही हो सकती है जो अधिक से अधिक लोगों के समझ में आ सके।

उद्देश्य–उद्देश्य एकांकी का महत्त्वपूर्ण उपादान होता है। बिना किसी उद्देश्य के कोई रचना सार्थक एवं समर्थ नहीं हो सकती। इसी प्रकार एकांकी की सृष्टि भी किसी न किसी उद्देश्य को ही ध्यान में रखकर होती है, जिसे एकांकीकार अपने पात्रों के माध्यम से प्रस्तुत करता है। वह जीवन की छोटी से छोटी समझी जाने वाली घटनाओं में पूर्ण गहराई से प्रविष्ट होकर उनमें व्यापक अर्थ भर देता है और इस प्रकार एकांकी में बृहत्तर संकेत की झलक दिखाई पड़ती है। डॉ. रामकुमार वर्मा के अनुसार, "एकांकी नाटक जीवन के किसी एक पक्ष, महत्त्वपूर्ण घटना अथवा उत्तेजित क्षण को आलोकित करता है। एक अंक के सीमित कालावधि में उचित गति से लक्ष्य की ओर बढ़ना होता है। चूँकि बड़े नाटक और एकांकी में मूलभूत अन्तर है, एकांकी में जीवन के विस्तृत धरातल को ग्रहण करना सम्भव नहीं होता।" एकांकी को जीवन के एक पृष्ठ की संज्ञा देते हुए डॉ० वर्मा ने लिखा है–"मेरे सामने एकांकी नाटक की भावना वैसी ही है जैसे एक तितली एक फूल पर बैठकर उड़ जाये। ...नाटक के समझने में न तो प्रयास की ही आवश्यकता है और न थकावट की। संक्षेप में जीवन का एक पृष्ठ उलट जाये और उसको उलटाते हुए आपके मुख पर सन्तोष और सुख हो।"

एकांकी जीवन के किसी एक अंश, क्षण या समस्या की नाटकीय अभिव्यक्ति होता है, इसलिए उसमें किसी समस्या या स्थिति का सम्पूर्ण चित्र तो सम्भव नहीं है। वह अपने से बाहर किसी की अपेक्षा नहीं रखता। उसमें जीवन की छोटी-सी घटना का रूप-दर्शन होता है जो पात्र या पात्रों द्वारा अभिव्यक्त होता हुआ पराकाष्ठा को पहुँचता है। एकांकी में संक्षिप्तता अपेक्षित है और अनावश्यक विस्तार वर्जित है। कालजयी रचना होने के लिए एकांकी को सोद्देश्य एवं कलात्मक होना चाहिए।

अभिनेयता और रंग-संकेत–एकांकी एक दृश्य काव्य है। उसका सीधा सम्बन्ध रंगमंच पर अभिनीत होने से है। अभिनय के अभाव में एकांकी का वास्तविक रसास्वादन सम्भव नहीं है। एकांकी के जितने भी तत्त्व कथावस्तु, चरित्र-चित्रण, संवाद-योजना आदि हैं, उनका सीधा सम्बन्ध अभिनय-शीलता से है। यदि इस ओर से थोड़ा भी ध्यान हटा तो उसका प्रभाव निश्चय ही समाप्त हो जायेगा और एकांकी मात्र पठनीय सामग्री बन जायेगा। एकांकी में अभिनय और संवादों का अटूट सम्बन्ध

है। अभिनय और कथोपकथनों के द्वारा वह दर्शक को आकृष्ट करता है और उसे सफलता मिलती है। डॉ. जगदीशचन्द्र माथुर के अनुसार–नाट्याभिनय की सफलता एवं उत्कृष्टता सरस एवं स्वाभाविक अभिनय पर निर्भर होती है। इसलिए उन्होंने 'ओ मेरे सपने' एकांकी-संग्रह में नाट्य-प्रयोक्ताओं के लिए कतिपय संकेत दिये हैं, जिनमें अभिनय की विविधता तथा सहजता पर बल दिया गया है। दृश्य काव्य नाम तभी सफल और सार्थक होगा, जब अभिनेता अपने अभिनय के द्वारा प्रेक्षक के हृदय को आनन्दित कर सके।

रंग-संकेतों में रंगमंच सम्बन्धी आवश्यक निर्देश दिये जाते हैं। रंग-निर्देश अभिनय में भी सहायता देते हैं क्योंकि नाटककार पात्रों की वेश-भूषा और हाव-भाव का विस्तार से उल्लेख कर देता है। रंग-निर्देश के द्वारा नाटक में कुछ ऐसे भी प्रयोजन फलित होते हैं जो अन्य नाटकीय विधानों द्वारा स्पष्ट नहीं हो सकते जैसे दीवार पर लटके हुए चित्र अथवा कमरे की सजावट का जो वर्णन नाटककार करता है, उससे व्यक्ति विशेष के संस्कारों और भावनाओं का परिचय मिल जाता है। अत: रंग-निर्देशों के कारण नाटक पाठकों के लिए रोचक और आकर्षक हो जाता है। रंग संकेत एकांकी के वातावरण-निर्माण, भावाभिव्यंजना एवं अभिनयशीलता में सहायक होते हैं। इसका वर्णन लाक्षणिक और कलात्मक रूप में होना चाहिए, जिससे ये एकांकी में सहायक बने।

एकांकी का उद्देश्य

प्रत्येक साहित्यिक रचना सोद्देश्य होती है। साहित्यिक रचनाओं का प्रयोजन मात्र मनोरंजन नहीं है। सुनिश्चित रचना-दृष्टि के बिना कोई कलाकृति अर्थहीन होती है। एकांकीकार भी अपने जीवन-दर्शन को प्रत्यक्ष या परोक्ष रूप से प्रस्तुत करता है। एकांकी में कोई सूक्ष्म संकेत सन्निहित रहता है, यही एकांकी की मूल संवेदना होती है। मूल संवेदना अपनी परिणति पर पहुँचकर दर्शक के मन को किसी सन्देश से आन्दोलित कर जाती है। वस्तुत: एकांकीकार का लक्ष्य भावव्यंजना द्वारा एक स्थायी प्रभाव छोड़ना है। यह प्रभाव ही एकांकी का उद्देश्य है। एकांकीकार सामाजिक व्यवस्था में सुधार चाहता है। एकांकी का उद्देश्य इसी कामना की पूर्ति में सार्थक होता है।

एकांकी के तात्त्विक विवेचन के पश्चात् हम सहज ही कह सकते हैं कि एकांकी एक विशेष विधा है? जिसे विवेचित तत्त्व अन्य विधाओं (नाटक-कहानी) से पृथक् करते हैं। कहानी से उसे संवाद अलग करते हैं तो आकार और संवेदना का प्रभावोत्पादक स्वरूप उसे नाटक से भिन्न करता है। आज एकांकी लोकप्रिय नाट्य विधा बन गयी है। आज के युग में समयाभाव और जीवन-संघर्षों की वृद्धि के कारण एकांकी की उपयोगिता बढ़ती जा रही है। यही कारण है कि एकांकी का रचनात्मक स्तर निरन्तर समुन्नत हो रहा है। हाँ, उसके स्वरूप में हो रहे परिवर्तन उसके विकास की ही पहचान कराने वाले हैं।

नाटक और एकांकी में अन्तर

एकांकी और नाटक (अनेकांकी) में वैसा ही अन्तर है जैसा कहानी और उपन्यास में है, खण्डकाव्य और महाकाव्य में है। यदि एकांकी एक बूँद हैं तो नाटक एक सागर है। नाटक लताओं, क्यारियों, पेड़-पौधों से सजा-सँवरा एक उद्यान है तो एकांकी एक गमला है, जिसमें एक ही पौधा अपने फूलों के समुचित सौन्दर्य के साथ विद्यमान है। एकांकी और नाटक में निम्नलिखित अन्तर है—

1. एकांकी में एक अंक होता है जब कि नाटक में अधिक अंक (तीन से सात तक) होते हैं।

2. एकांकी में जीवन के किसी एक पक्ष या दृश्य का वर्णन होता है। नाटक में सम्पूर्ण जीवन के विभिन्न दृश्यों का वर्णन होता है।

3. एकांकी में पात्रों की संख्या सीमित है जब कि नाटक में पात्रों की संख्या अधिक रहती है।

4. एकांकी में चरित्र-चित्रण की तीव्र एवं संक्षिप्त रूपरेखा होती है। नाटक में चरित्र-चित्रण की विविधता पायी जाती है।

5. एकांकी में एक ही कथावस्तु विद्यमान रहती है, नाटक में कथा का विस्तार होता है और प्रमुख, कथा के साथ-साथ अन्य प्रासंगिक कथाएँ चलती रहती हैं।

6. एकांकी में घटना की न्यूनता के कारण कथानक की गति तेज़ रहती है, नाटक में घटना विस्तार के कारण कथानक की गति मन्द रहती है।

7. एकांकी में कौतूहल की स्थिति प्रारम्भ में ही आ जाती है, नाटक में कौतूहल की अनिश्चित स्थिति रहती है।

8. एकांकी के संवाद संक्षिप्त, चुस्त, भावात्मक एवं मार्मिक होते हैं, नाटक में लम्बे-लम्बे संवाद, स्वगत कथन आदि होते हैं।

9. एकांकी में व्यंजनात्मक शैली का प्रयोग किया जाता है, नाटक में वर्णनात्मक शैली की अधिकता होती है।

10. एकांकी का उद्‌देश्य संक्षिप्त, सीमित और एकनिष्ठ होता है, नाटक का उद्‌देश्य, व्यापक, बहुमुखी तथा विस्तृत होता है।

एकांकी और नाटक में अन्तर बताते हुए डॉ. रामकुमार वर्मा ने 'पृथ्वीराज की आँखें' नामक संग्रह में लिखा है–"एकांकी नाटकों में अन्य प्रकार के नाटकों से विशेषता होती है। उसमें एक ही घटना होती है और वह घटना नाटकीय कौशल से कौतूहल का संचय करते हुए चरम सीमा तक पहुँचती है। उसमें कोई अप्रधान प्रसंग नहीं रहता। विस्तार के अभाव में प्रत्येक घटना कली की भाँति खिलकर पुष्प की भाँति विकसित हो उठती है। उसमें लता की भाँति फैलने की उच्छृंखलता नहीं होती।"

निष्कर्ष रूप में हम कह सकते है कि एकांकी और नाटक समान तत्त्वों से रचित होते हुए भी नाट्य-साहित्य की स्वतन्त्र विधाएँ हैं। जैसे नाटक का एक अंक एकांकी का रूप नहीं ले सकता, वैसे ही अनेक एकांकियों का संग्रह नाटक नहीं बन सकता। एकांकी अपने संक्षिप्त कलेवर में पूर्ण है।

एकांकीकारों का संक्षिप्त परिचय

डॉ. रामकुमार वर्मा

(1905-1990)

डॉ. रामकुमार वर्मा प्रसादोत्तर एकांकीकारों में सर्वप्रथम स्थान रखते हैं। उन्होंने आधुनिक एकांकी को परिष्कृत एवं प्रौढ़ रूप देने में प्रचुर योगदान दिया है। उनके पाश्चात्य टेकनीक तथा विचारों से प्रभावित नये ढंग के एकांकियों द्वारा हिन्दी में नये युग का प्रारम्भ होता है। डॉ. वर्मा ने अनेक सामाजिक, समस्या प्रधान, पौराणिक, हास्य-व्यंग्य तथा भावात्मक एकांकी प्रस्तुत करके नाट्य-क्षेत्र में विविधता का संचार किया किन्तु ऐतिहासिक एकांकी के वे सबसे बड़े टेकनीशियन हैं। उन्होंने जिस विषय को एकांकी की कथावस्तु में पिरोया है, उसे न केवल जीता जागता इतिहास सम्मत रूप देने में सफल हुए हैं, प्रत्युत उसके माध्यम से उन्होंने तत्कालीन सांस्कृतिक, सामाजिक और राजनीतिक इतिहास को भी जीवंतता प्रदान की है।

सन् 1930 में 'बादल की मृत्यु' नामक फैंटेसी प्रकाशित हुई। यह रचना प्रयोग और तकनीक की दृष्टि से महत्त्वपूर्ण थी। अभिनयशीलता की दृष्टि से उसकी प्रंशसा नहीं की जा सकती क्योंकि इसमें काव्यात्मकता का अंश अधिक है। 'बादल की मृत्यु' से ही डॉ. वर्मा ने अनवरत एकांकी साहित्य का सृजन किया। उनके एकांकियों के संग्रह प्रकाशन-क्रम के अनुसार इस प्रकार हैं :'बादल की मृत्यु' (1930), 'पृथ्वीराज की आँखें' (1937), 'रेशमी टा' (1941), 'चारुमित्रा' (1943), 'विभूति' (1943), 'सप्त किरण' (1947), 'रूप रंग' (1948), 'कौमुदी महोत्सव' (1949), 'ध्रुवतारिका' (1950), 'ऋतुराज' (1951), 'रजत रश्मि' (1952), 'दीपदान' (1954), 'काम कन्दला' (1944), 'कपूर' (1956), 'इन्द्रधनुष' (1957), 'औरंगजेब की आख़िरी रात', 'दस मिनट', 'मयूर पंख', 'बापू', 'विजय पर्व', 'बड़ा और कृपाण', 'नाना फड़नवीस', 'महाराणा प्रताप', 'शिवाजी', 'अशोक का शोक', 'जौहर की ज्योति', 'अग्निशिखा', 'जयादित्य', 'समुद्र गुप्त पराक्रमांक', 'विक्रमादित्य', 'वत्सराज का उदयन' आदि प्रमुख हैं।

उपर्युक्त सभी एकांकियों को कथावस्तु के आधार पर तीन वर्गों में विभक्त किया जा सकता है। पौराणिक एवं आध्यात्मिक एकांकी, राष्ट्रीय एवं राजनीतिक एकांकी तथा पारिवारिक एवं सामाजिक एकांकी।

पुराण, धर्म, नीति तथा अध्यात्म आदि को आधार बनाकर लिखे गये एकांकियों को पौराणिक एवं आध्यात्मिक एकांकी के अन्तर्गत रखा जा सकता है। 'इतिहास के स्वर' में डॉ. वर्मा के 25 ऐतिहासिक एकांकी संकलित हैं। पारिवारक एवं सामाजिक जीवन की विविध समस्याओं पर आधारित एकांकियों को सामाजिक एकांकी के अन्तर्गत रखा जा सकता है। उनके सामाजिक एकांकियों में आधुनिक मध्यवर्गीय जीवन के शिष्ट तथा निम्न दोनों वर्गों के रोमांस, फ़ैशनप्रियता, दम्भ, ईर्ष्या तथा प्रेम और सेक्स की समस्याओं से सम्बन्धित चित्रण हैं। ये एकांकी अन्तर्द्वन्द्व की आधार-भूमि पर यथार्थवादी कलेवर में समाज और जीवन की वस्तुस्थिति पर पहुँचते हैं।

डॉ. वर्मा के ऐतिहासिक एकांकियों में भारतीय संस्कृति और राष्ट्रीय उद्बोधन के स्वर सन्निहित हैं। गर्व के साथ वे कहते हैं–ऐतिहासिक एकांकियों में भारतीय संस्कृति का मेरुदण्ड, नैतिक मूल्यों में आस्था और विश्वास का दृष्टिकोण प्रस्तुत किया गया है। उनके अधिकांश एकांकी या तो भारत के विस्मृत किन्तु गौरववपूर्ण और आदर्श चरित्रों को आधार बनाकर लिखे गये हैं या उन्होंने उन घटनाओं को आधार बनाकर एकांकियों की रचना की है जो भारतीय संस्कृति की गौरवपूर्ण गाथा कहती हैं। उनमें अतीत के प्रति श्रद्धाभाव, प्रेम तथा राष्ट्रीय जागृति की चेनता संचरित है।

डॉ. वर्मा ने प्राय: लघु, संक्षिप्त एवं रोचक संवादों की योजना की है। उनके संवादों में कथासूत्र को विकसित करने एवं पात्रों की चारित्रिक विशेषताओं को प्रकट करने की पूर्ण क्षमता है। इसके अतिरिक्त उनके संवाद वातावरण सृष्टि में भी सहायक सिद्ध हुए हैं। पात्रों के मनोभावों को प्रकट करने एवं प्रेषणीय बनाने में संवादों की महत्त्वपूर्ण भूमिका रही है।

डॉ. वर्मा ने अपने एकांकियों में पात्रानुकूल भाषा का प्रयोग किया है। ऐतिहासिक एकांकियों में हिन्दू सम्राट संस्कृतनिष्ठ शुद्ध साहित्यिक हिन्दी का प्रयोग करते हैं और मुसलमान बादशाह अथवा पात्र अरबी-फ़ारसी मिश्रित उर्दू भाषा का प्रयोग करते हैं। भाषा की दृष्टि से डॉ. वर्मा एक कुशल और सजग शब्द-शिल्पी हैं।

वर्मा जी के समस्त एकांकी उच्च मानवीय भावों से ओत-प्रोत हैं, भारतीय संस्कृति के उदात्त आदर्शों से अनुप्राणित हैं। घटनाक्रम, संवाद, भाषा-शैली, देश काल, परिस्थितियों और संकलन-त्रय आदि तत्त्वों का सुन्दर समन्वय करके उन्होंने अपनी एकांकी कला का परिचय दिया है। उनके सभी एकांकी सफल एकांकी हैं और उनकी परिपक्व कला के परिचायक हैं। एकांकी साहित्य के विकास और वृद्धि में उन्होंने जो योगदान दिया है, इसके लिए वे हमेशा याद किये जायेंगे।

उपेन्द्रनाथ अश्क

(1910-1996)

अश्क जी पाश्चात्य एकांकी शिल्प से प्रभावित एवं प्रेरणा ग्रहण करने वाले हिन्दी एकांकीकारों में से एक हैं। उन्होंने पाश्चात्य एकांकी साहित्य का पर्याप्त अनुशीलन किया और उससे नूतन शिल्प एवं अभिव्यंजना पद्धति को लेकर हिन्दी एकांकी में नये-नये प्रयोग किये। 'अश्क' एक प्रतिभाशाली, सशक्त और जागरूक एकांकीकार हैं। उन्होंने अपने परिवेश को खुली आँखों से देखा और उसी परिवेश में भोगे गये सत्यों का चित्रण अपनी एकांकियों में किया है। उन्होंने सन् 1936 से एकांकी लिखना प्रारम्भ किया और अनवरत एकांकी विधा को अपनी मौलिक प्रतिभा से समृद्ध किया। अश्क जी के एकांकी संग्रह इस प्रकार हैं : 'देवताओं की छाया में', 'चरवाहे', 'पक्का गाना', 'पर्दा उठाओ पर्दा गिराओ', 'अन्धी गली', 'साहब को जुकाम है', 'तूफान से पहले' आदि मुख्य हैं।

उपर्युक्त संकलनों में संकलित 'अश्क' जी के प्रमुख एकांकियों के नाम इस प्रकार हैं : 'जोक', 'पहले', 'अधिकार का रक्षक', 'लक्ष्मी का स्वागत', 'देवताओं की छाया में', 'विवाह के दिन', 'आपस का समझौता', 'चरवाहे' , 'मैमूना', 'चुम्बक', 'चिलमन', 'चमत्कार', 'खिड़की', 'सूखी डाली' 'पर्दा उठाओ पर्दा गिराओ', 'सयाना मालिक', 'तौलिये', 'पापी', 'क़स्बे की क्रिकेट क्लब का उद्‌घाटन', 'मस्केबाज़ों का स्वर्ग', 'बतसिया', 'तूफान से पहले', 'नया पुराना', 'वेश्या', 'कामदा', 'पक्का गाना', 'किसकी बात', 'कुसुम का सपना', 'घपले', 'साहब को जुकाम है', 'मोहब्बत', 'अंजो दीदी', 'जीवन साथी' आदि।

अश्क ने सामाजिक, राजनैतिक, मनोवैज्ञानिक, व्यंग्यात्मक प्रहसन और सांकेतिक एकांकियों का प्रणयन किया है। उनका दृष्टिकोण एक आलोचक का है। वे समाज तथा मानव जीवन के आलोचक हैं। घरों, परिवारों, मनुष्य के मनों तथा समाज के अन्तराल में जो विद्रूपताएँ प्रविष्ट हो गयी हैं, जिनसे समाज पतनोन्मुख हो रहा है, अश्क जी ने उन्हें उभारकर हमारे समक्ष प्रस्तुत किया हैं। वे न तो कोई समस्या देना चाहते हैं और न उपदेशक बनकर कोई आदर्श ही उपस्थित करते हैं। उनकी सबसे बड़ी विशेषता सामाजिक जीवन का अनुवीक्षण तथा नाटकीय स्थिति की पकड़ है। मध्यम वर्ग के समाज की कमज़ोरियों, रूढ़ियों तथा जीर्ण-शीर्ण परम्पराओं की ओर अनवरत ध्यान दिलाना ही उनका उद्‌देश्य रहा है।

अश्क जी की एकांकी कला का विकास भले ही पाश्चात्य शिल्प एवं तकनीक के आधार पर हुआ है परन्तु परिवेश और समाज भारतीय ही है। उसमें हमारे समाज

के ही गहन संघर्षों एवं अन्तर्द्वन्द्वों का चित्रण किया गया है। उनकी एकांकियों में हमारे जीवन के चारों ओर दु:ख-दर्द, अनाचार-अत्याचार, विषमता-विद्रूपिता, विसंगति-विफलता आदि को प्रदर्शित किया गया है। अश्क जी के संवाद संक्षिप्त, रोचक, सजीव, मार्मिक एवं स्वाभाविक हैं। उनके संवाद एक ओर कथानक को आगे बढ़ाने में मदद करते हैं तो दूसरी ओर पात्रों के चरित्रांकन में भी सक्षम हैं।

अभिनेयता अश्क जी के एकांकियों का विशेष गुण है। पात्रों तथा दृश्यों के चित्रण में उनकी कलात्मक प्रतिभा की अद्भुत क्षमता देखी जा सकती है। अश्क जी की भाषा प्रवाहपूर्ण है। उनके पात्र लम्बे भाषण नहीं नहीं देते, किसी जटिल शब्द जाल में नहीं फँसते। छोटे-छोटे वाक्य, आम बोलचाल की लय और शब्दावली, भाव या विचार की सम्प्रेषणीयता उनकी भाषा की विशेषताएँ हैं। पात्र अपने गुण, स्वभाव और परिस्थिति के अनुसार भाषा बोलते हैं। उनकी भाषा में हिन्दी, उर्दू, अंग्रेज़ी, अरबी, फ़ारसी और संस्कृत शब्दों का प्रयोग बहुलता से किया गया है।

भुवनेश्वर

(1910-1957)

पाश्चात्य प्रभाव से प्रभावित होकर आधुनिक हिन्दी एकांकी को नवोत्थान की दिशा की ओर अग्रसर करने वाले एकांकीकारों में भुवनेश्वर का नाम अग्रगण्य है। भुवनेश्वर उन एकांकीकारों में हैं जिन्होंने पाश्चात्य एकांकियों का भली-भाँति अध्ययन किया था, पाश्चात्य एकांकी शिल्प से घनिष्ठ परिचय प्राप्त किया था। वे पाश्चात्य रंग-विधान को अच्छी तरह जानते थे। वे बर्नार्ड शॉ तथा इब्सन के अध्ययन की शक्ति लेकर इस क्षेत्र में अवतरित हुए। उन्होंने एकांकी के भावात्मक तथा शिल्पात्मक विकास में अपना सक्रिय योगदान दिया।

भुवनेश्वर के एकांकियों को दो वर्गों में विभक्त किया गया है–1. सामाजिक एकांकी 2. ऐतिहासिक एकांकी।

भुवनेश्वर के प्रथम एकांकी-संग्रह 'कारवाँ' (1935) में संकलित सभी एकांकी सामाजिक विषयों पर आधारित हैं। कारवाँ के अलावा उन्होंने 'पतिता', 'स्ट्राइक', 'मृत्यु', 'श्यामा', 'हम अकेले नहीं हैं', 'एक साम्यहीन साम्यवादी', 'सवा आठ बजे', 'आदमख़ोर', 'शैतान', 'प्रतिभा का विवाह', 'रहस्य रोमांच', 'लाटरी', 'सींकों की गाड़ी', 'ऊसर', 'पतिता', 'ताँबे के कीड़े' आदि एकांकियों का सृजन किया।

उनके द्वारा लिखे गये सामाजिक एकांकियों में प्रेम और विवाह की समस्या से लेकर मध्यमवर्गीय सामाजिक जीवन में व्याप्त अनेक समस्याओं को अंकित करने का प्रयास किया गया है। लेखक ने उन सुशिक्षित मध्यमवर्गीय व्यक्तियों पर व्यंग्य किया है जो बाहर से भरे-पूरे दिखलायी देते हैं परन्तु अन्दर से पूर्णतया खोखले हैं। लेखक ने तितली सदृश आधुनिक नारियों पर तीखा व्यंग्य किया है। तथाकथित सभ्य पुरुषों के ड्राइंगरूमों का मखौल उड़ाया है। उनकी एकांकियों में सामाजिक रूढ़ियों, उन्मुक्त प्रेम, वैवाहिक वैषम्य, कृत्रिम विचार, स्वातंत्र्य आदि को चित्रित किया गया है।

भुवनेश्वर 1948 ई० से ऐतिहासिक एकांकी लिखने की ओर अग्रसर हुए। सन् 1948 ई० में उन्होंने 'इतिहास की केंचुल' नामक ऐतिहासिक एकांकी लिखा। तदुपरान्त उन्होंने अनेकानेक ऐतिहासिक एकांकियों का सृजन किया। उनके ये एकांकी परिष्कृत, प्रौढ़ एवं प्रांजल हैं तथा आधुनिक मानव जीवन के घुटन, संत्रास, भय, कुण्ठा और क्षोभ से व्याप्त हैं।

भुवनेश्वर ने अपने एकांकियों में संश्लिष्ट कथानक पर ज़ोर नहीं दिया है। उन्होंने कथावस्तु का चयन युग-संदर्भ में भोगे गये सत्यों से किया है। ये घटनाएँ युगीन समस्याओं से ओत-प्रोत हैं। उनकी एकांकियों में संकलन-त्रय का निर्वाह नहीं है। उनकी एकांकियों के संवादों में संक्षिप्तता, तरलता, मर्मस्पर्शिता और वाग्विदग्धता है। संवाद चुस्त और प्रभावोत्पादक है। उनके संवादों में कौतूहल संचयन करने की अपूर्व शक्ति है। उनके संवादों में भावात्मकता की अपेक्षा बौद्धिकता अधिक है। उसमें वाग्विदग्धता, व्यंग्यात्मकता और स्वाभाविकता है। भुवनेश्वर के पात्र जटिल हैं। वे सरल और सुलझे नहीं है। उन्होंने अपने एकांकियों में पात्रों की संख्या पर विशेष ध्यान दिया है। पात्रों की संख्या सीमित रखने के कारण कथानक में गतिशीलता बनी रहती है। उनकी भाषा एक नया आश्चर्य और विस्मय लिये है। उनकी विशेषता काव्य शक्ति और अदम्य प्रवाह है।

जगदीशचन्द्र माथुर

(1917-1978)

रंगमंचीय शिल्प विधान तथा अभिनेयता की दृष्टि से उनका एकांकीकारों में जगदीशचन्द्र माथुर की प्रतिभा पर्याप्त विकसित हुई। फलतः आधुनिक नाटककारों

में उन्होंने महत्त्वपूर्ण स्थान बना लिया। ऐतिहासिक तथा सामाजिक दोनों प्रकार के कथानकों के निर्वाह में वे समान रूप से पटु दिखते हैं। जीवन में संयम और मर्यादा पालन के विशेष समर्थक रहे। उनका रचना-काल 1936 से प्रारम्भ होता है। उनका प्रथम एकांकी 'मेरी बाँसुरी' 1936 में प्रकाशित हुआ। इसके पश्चात् क्रमानुसार उनके एकांकी प्रकाशित हुए हैं : 'भोर का तारा' (1937), 'कलिंग विजय' (1937), 'रीढ़ की हड्डी' (1939), 'मकड़ी का जाला' (1941), 'खँडहर' (1943)। 'ओ मेरे सपने' एकांकी-संग्रह में माथुर जी के पाँच एकांकी संगृहीत हैं–'घोंसले' (1949), 'खिड़की की राह', 'कबूतर खाना' (1951), 'भाषण' (1942) और 'ओ मेरे सपने' (1953)।

जगदीशचन्द्र माथुर के एकांकियों की सबसे बड़ी विशेषता यह है कि उनमें जीवन और समाज के ज्वलन्त, सार्थक और गम्भीर प्रश्नों को विषयवस्तु के रूप में चुना गया है और उन्हें ऐसे नाटकीय कौशल, भाषा की सजीवता और विविधता के साथ प्रस्तुत किया गया है कि ये एकांकी रंगमंच पर बहुत जीवन्त और प्रभावपूर्ण रूप में सामने आते हैं। 'भोर का तारा' और 'कलिंग विजय' को छोड़कर उनके सभी सामाजिक एकांकी हैं। इनकी एकांकियों में समाज की विद्रूपताओं पर कटु व्यंग्य किया गया है। ऐसा लगता है कि लेखक सामाजिक विवशता, मानवों की अतिरंजकता, नारी कुण्ठा आदि पर ठठाकर हँस रहा हो।

माथुर जी की एकांकियों को मूलत: दो भागों में विभक्त किया जा सकता है–ऐतिहासिक और सामाजिक। उन्होंने अपनी ऐतिहासिक एकांकियों का कथानक मौर्यकाल और गुप्तकाल से लिया है। 'कलिंग विजय' में 261 ई. पूर्व कलिंग विजय के दूसरे दिन की संध्या की घटना है। 'भोर का तारा' एकांकी का कथानक 455 ई. पूर्व गुप्तकाल का है। 'कलिंग विजय तथा' 'भोर का तारा' का वातावरण सांस्कृतिक है, पृष्ठभूमि ऐतिहासिक है।

माथुर जी के सबसे सफल एकांकी सामाजिक हैं। इन एकांकियों में सामाजिक समस्याओं को चित्रित किया गया है। इन समस्याओं में मुख्यत: मिथ्या दिखावा, बाह्याडम्बर, मध्य वर्ग से उच्च स्तर की हृदयहीनता, व्यापारी वर्ग की भौतिकता, विद्यार्थी जीवन का झूठ-फरेब, नैतिक क्षीणता आदि पर व्यंग्य किया गया है। मध्य वर्ग उनकी आलोचना का केन्द्र है। उनके एकांकियों में समाज की कारुणिक दशा, दयनीय स्थिति, पिसे हुए अरमानों का दर्दनाक चित्रण मिलता है। उनके कथोपकथन मर्मस्पर्शी हैं। वाक्य छोटे-छोटे और संक्षिप्त हैं जिनमें पर्याप्त गति है, प्रवाह है, जिन्हें अभिनेता सरलता से बोल सकता है।

माथुर जी प्रबुद्ध शिल्पी हैं। उनका शिल्प पक्ष बहुत ही सबल है। उनके अनुसार एकांकी की प्राणधारा साहित्यिकता है, मनोरंजन उसका वैकल्पिक गुण। उन्होंने लिखा है–"मेरा मत है कि नाट्य केवल रोचक प्रदर्शन ही नहीं है, वह साहित्य की एक विधा भी है। उसके साहित्य पक्ष को सुरक्षित रखते हुए दर्शकों के बीच उसके रोचक पक्ष का उत्कर्ष करने में ही नट और प्रयोक्ता की कला है वरन् चटपटे संवाद और त्वरित घटनाक्रम के सहारे तो दर्शकों का मनोरंजन कोई भी कर सकता है।"

माथुर जी भाषा-शैली के प्रति बड़े जागरूक दिखाई पड़ते हैं। उनकी भाषा खड़ी बोली है और जनसाधारण के अधिक निकट है। वे अलंकरण के मोह से सदा बचे हैं। भाषा वातावरण और पात्रों के अनुकूल है जो सहज और बोधगम्य है। उन्होंने कहीं-कहीं अंग्रेज़ी शब्दों का व्यवहार भी किया है। उनकी भाषा अभिनय के अनुकूल है जिसे अभिनेता सरलता से बोल सकता है और प्रेक्षक भी समझ सकता है।

लक्ष्मीनारायण लाल

(1927-1987)

लक्ष्मीनारायण लाल का हिन्दी एकांकी की विकास-यात्रा में आपका महत्त्वपूर्ण स्थान है। उन्होंने सन् 1946-47 ई. से एकांकी-लेखन प्रारम्भ कर दिया था। 'ताजमहल के आँसू' उनकी पहली एकांकी रचना है। इस एकांकी का मंचन इलाहाबाद विश्वविद्यालय के दीक्षान्त समारोह के अवसर पर किया गया था। यह लक्ष्मीनारायण जी के लिए बहुत बड़ी बात थी क्योंकि उन दिनों विश्वविद्यालय के कार्यक्रमों में डॉ० रामकुमार वर्मा के एकांकियों का ही मंचन होता था। डॉ० रामकुमार वर्मा विश्वविद्यालय में प्राध्यापक और लक्ष्मीनारायण जी के गुरु थे। 'ताजमहल के आँसू' की सफलता के पश्चात् लक्ष्मीनारायण जी ने पीछे मुड़कर नहीं देखा। उन्होंने कई एकांकियों का सृजन किया है। उनके एकांकी संग्रह हैं– 'ताजमहल के आँसू' (1950), 'पर्वत के पीछे' (1952), 'नाटक बहुरंगी', (1961), 'नाटक बहुरूपी' (1964), 'दूसरा दरवाज़ा' (1972), 'मेरे श्रेष्ठ रंग एकांकी' (1972), 'खेल नहीं नाटक' (1975), 'नया तमाशा' (1972)।

लक्ष्मीनारायण लाल के एकांकियों में विषयगत विविधता है। एकांकी- लेखन के आरम्भिक वर्षों में उनका झुकाव पौराणिक एवं ऐतिहासिक एकांकियों की ओर अधिक रहा। किन्तु आगे चलकर उन्होंने सामाजिक एकांकियों का अधिक सृजन

किया। उन्होंने समाज के विविध रूपें को प्रस्तुत करने में सफलता प्राप्त की। उनके सामाजिक एकांकियों के कथानक पूर्णतः मौलिक एवं युगीन हैं। यहाँ तक कि उनके ऐतिहासिक एवं पौराणिक एकांकी भी वर्तमान युगीन समस्याओं को संकेतों में प्रस्तुत करते हैं। वे किसी विचारधारा के पीछे भागने वाले साहित्यकार नहीं रहे।

विषय की विविधता के साथ ही लक्ष्मीनारायण लाल ने एकांकी के शिल्प निर्माण में अनेक प्रयोग किये हैं। अपने प्रारम्भिक दो संग्रहों में उन्होंने पाश्चात्य तकनीक के अनुरूप एकांकियों का सृजन किया है, किन्तु 'नाटक बहुरंगी' संग्रह से उनके शिल्प में भी रंग दिखाई पड़ते हैं। 'लोक-नाट्य' शैली के अनुकूल उन्होंने कई एकांकियों का सृजन किया है, जिसमें उनको अधिक सफलता प्राप्त हुई है। उन्होंने कथानक के अनुरूप पात्रों का चयन किया है। परिणामतः उनकी एकांकियाँ अधिक प्रभावशाली सिद्ध हुई हैं। रंगमंच से जुड़े होने के कारण उनके अधिकांश एकांकी रंगमंच पर सफलतापूर्वक प्रस्तुत हुए। लक्ष्मीनारायण स्वातंत्र्योत्तर एकांकीकारों में महत्त्वपूर्ण स्थान रखते हैं। वे सफल नाट्य अभिनेता और निर्देशक के रूप में भी प्रसिद्ध हुए।

लक्ष्मीनारायण लाल ने पात्रानुकूल भाषा का चयन किया है। पौराणिक, ऐतिहासिक एवं सामाजिक प्रत्येक के लिए उनकी भाषा-शैली अलग-अलग है। पौराणिक एकांकियों के पात्र तत्सम प्रधान भाषा का प्रयोग करते हैं। मध्यकालीन ऐतिहासिक एकांकियों के अधिकांश पात्र उर्दू युक्त हिन्दी का प्रयोग करते हैं। 'ताजमहल के आँसू' इसका अच्छा उदाहरण है। उन्होंने सामाजिक एकांकियों की भाषा में अधिक विविधता दिखाई है। शिक्षित, अर्द्धशिक्षित, ग्रामीण, शहरी, हिन्दू-मुस्लिम और अहिन्दी भाषी पात्रों की भाषा उनके परिवेश के अनुकूल है। शिक्षित व्यक्ति अपने पेशे के अनुकूल भाषा का प्रयोग करता है। ग्रामीण व्यक्ति की भाषा में आम बोलचाल के तद्भव शब्दों का अधिक प्रयोग हुआ है। अहिन्दी भाषी पात्र टूटी-फूटी हिन्दी प्रयुक्त करता है। उनके पात्र भाषा प्रयोग के दृष्टिकोण से निराले हैं।

धर्मवीर भारती

(1926-1997)

धर्मवीर भारती एक प्रतिभाशाली कवि, कथाकार, नाटककार के रूप में प्रसिद्ध हैं। उन्होंने जिस विधा के लिए अपनी कलम उठायी, उसमें उनकी प्रतिभा का

निखार स्पष्ट रूप से दिखायी देता है। कहानी, उपन्यासों में उन्होंने सामाजिक एवं मनोवैज्ञानिक समस्याओं का बड़ा ही सूक्ष्म एवं जीवन्त चित्र प्रस्तुत किया है। समाज की विद्रूपता पर उनके व्यंग्य बड़े ही विलक्षण और सशक्त हैं।

प्रबुद्ध नयी पीढ़ी के रचनाकारों में धर्मवीर भारती का नाम विशेष रूप से उल्लेखनीय है। उनकी बहुमुखी प्रतिभा साहित्य के विविध क्षेत्रों में अपनी पौरुषता को व्यंजित करती रही है। उनके द्वारा रंगमंच और रेडियो दोनों ही के लिए एकांकियों की रचना हुई है। उनके एकांकी नाटकों के नाम हैं–'नदी प्यासी थी', 'नीली झील', 'आवाज का नीलाम' और 'संगमरमर पर एक रात'। अन्तिम नाटक ऐतिहासिक है तथा शेष आधुनिक परिवेश में लिखे गये हैं।

मस्तिष्क एवं हृदय की आन्तरिक सूक्ष्म रेखाओं को कुशलता के साथ उभारने में भारती जी की एकांकी अत्यन्त सफल है। उन्होंने व्यक्तिगत जीवन की गहराइयों में प्रवेश कर उसके आन्तरिक सत्य को पकड़ने का प्रयास किया है, भारती जी ने प्रतीकात्मक एकांकी भी लिखे हैं जो बड़े ही सफल एवं शिल्प की दृष्टि से नये सिद्ध हुए हैं। उनकी दृष्टि मूल्यवादी है जो इन एकांकियों में लक्षित की जा सकती है। वे मानवीय संवेदनाओं के चितेरे हैं, मानव के हृदय को झकझोरकर उनकी सुप्त भावनाओं को जगाने में सक्षम एकांकीकार प्रमाणित हुये हैं। सहृदयता एवं मार्मिकता उनकी नाट्य-कृतियों की विशेषता है। वे ऐसे जागरूक रचनाकार थे जो समाज की प्रत्येक गतिविधि पर पैनी दृष्टि रखते थे, जिससे हर समस्या का समाधान ढूँढ़ ही लेते थे।

धर्मवीर भारती एकांकी की मूल भावना को उभारने में सिद्धहस्त हैं भाषा की सरलता एवं तरलता से उनके कथानक का प्रवाह सुरुचिपूर्ण ढंग से प्रवाहित होता रहा है। पात्रों का अन्तर्द्वन्द्व भावों को और सम्प्रेष्य बना देता है। उनका रंगमंचीय निर्देश प्रस्तुति को प्रभाव की दृष्टि से नया आयाम देता रहता है। टेक्निक की दृष्टि से भारती जी के प्रयोग अभूतपूर्व हैं।

इकाई पंचम-व्याख्या/निर्धारित एकांकी

ताँबे के कीड़े

–भुवनेश्वर

पात्र

महिला अनाउंसर
रिक्शावाला
थका अफ़सर
एक परेशान रमणी
एक मसरूफ़ पति
कुछ लड़के
पागल आया

(बड़े आदमियों के ड्राइंग-रूमों के लिए एक छोटा-सा नाटक)

(यह नाटक ड्राइंग-रूम के लिए ही है। औसत साइज के ड्राइंग रूम में एक तरफ़ दीवार से ज़रा हटा एक काला स्क्रीन खड़ा किया गया है जिसके बराबर अनाउंसर (जिसे स्त्री ही होना चाहिए) खड़ी है। अनाउंसर के कपड़े रंग-बिरंगे होने हैं। एक फूलदार ड्रेसिंग गाउन, रेशमी साफ़ा और एक शोख़ चौड़े कमरबन्द से काम चल सकता है। उसके हाथ में एक बड़ा-सा तिब्बती लामाओं का सा झनुझुना है।)

अनाउंसर : *(हाथ के झुनझुने को हिलाकर)* अकेले और बेसरो-सामान हम इस संसार में आये। *(स्क्रीन के पीछे से कुछ गम्भीर मर्दानी आवाजें)* कौन-कौन यहाँ सदा अकेला नहीं रहा? किसने-किसने अपने पड़ोसी का चेहरा पहचाना?

एक स्त्री की आवाज़ : किसने-किसने अपनी आत्मा में जीवन के आदि मुहूर्त

को सिसकते-सुबकते नहीं सुना? अकेले और बेसरो-सामान हम भूले हुए रास्ते खोजते हैं। हम अपना खोया हुआ भाई तलाश करते रहते हैं जो बचपन में घर छोड़कर चला गया है। एक पत्थर, एक पत्ती, एक शब्द...जिसके पीछे एक अनजानी और अनहोनी शुरुआत है।

(अनाउंसर झुनझुना हिलाती है। आवाज़ें रुक जाती हैं।)

गान

अनाउंसर : हम सवालात उठाते हैं...

स्क्रीन के पीछे की आवाज़ें–हम खुदा नियम और मनुष्य को क़ायल कर देते हैं। और हमारे अन्दर के अन्धकार से शक्ति फूट पड़ती है।

अनाउंसर : *(झुनझुना बजाकर)* हम अपनी आत्मा से रचते हैं और शरीर से नाश कर देते हैं कि फिर अपने सत्य से उसे सजाएँ।

स्क्रीन के पीछे की आवाज़ें–आओ, हम इसे किसी बाज़ार में बेच दें। मृत्यु और नाश की इस निर्दय केमिस्ट्री को छन भर में ख़तम कर दें कि हम इन आँखें तरेरते सवालों से बच सकें। हम वह भूली हुई भाषा याद करते रहते हैं–एक पत्थर...एक पत्ती–एक शब्द।

अनाउंसर : *(झुनझुना हिलाकर)* हम सवालात पैदा करते हैं।

(झुनझुना हिलाकर)

जो समय और ऋतुओं का दर्पन दमकते हुए हीरों की तरह काट देते हैं। सवालात जो वीरान सड़कों पर छिपे हुए जालों की तरह बिछे रहते हैं। *(झुनझुना)* हम मृत्यु को निरुत्तर कर देते हैं।

(जोर से झुनझुना बजाती है।)

मृत्यु हमारे सिरहाने लोरियाँ गाती है। हम अपनी जानें ख़तरे में डाल सकते हैं, पेंशनें नहीं।

गान

(अब बत्तियाँ बुझायी जा रही हैं। एक मिनट में पूरा हो जाता है; सिर्फ अनाउंसर एक फीकी फुट-लाइट में काली स्क्रीन के सामने दमकती रहती है)

अनाउंसर : (गम्भीर स्वर) जीवन का संगमरमर, जीवन का हसीन संगमरमर, जीवन का घायल संगमरमर, ख़ून बहाता हुआ संगमरमर–(झुनझुना)

(स्क्रीन के पीछे)

एक आवाज़ : यहाँ क्या हर वक़्त पानी बरसता है। यह कैसी डरावनी घटा उमड़ रही है!

दूसरी : भीग जायेंगे। मर जायेगे। हम इस तरह अपनी जानें ख़तरे में नहीं डालेंगे।

तीसरी : तुम बिस्तर में ही रहो। तुम्हें ज़ुकाम है, तुम्हें निमोनिया भी हो सकता है।

स्त्री की आवाज़ : नहीं, निमोनिया तो बहुत साधारण है, क्यों क्या मुझे Pandy's Disease नहीं हो सकती ?

एक आया की आवाज़ : बाबा! *(पुकारती है)* जान बाबा !! मशालती बाबा...तुम घर से कितनी दूर निकल जाते हो। मैं कब से तुम्हारा सूटर लिए तुम्हें ढूँढ़ रही हूँ।

स्त्री की आवाज़ : हम तो यहाँ खड़े-खड़े अकड़ गये, कितने ज़ोर से पानी आया है। मेरे सारे बीज सड़ जायेगे।

एक और आवाज़ : हमारी सबसे बड़ी ईजाद। काँच के बीज। इनको बार-बार नहीं बोना पड़ता। एक बार बोओ, हज़ार बार काटो। यह सड़ते नहीं? उगने से इनकार नहीं करते।

(अनाउंसर झुनझुना बजाती है)

अनाउंसर : रीसे के बीज काँच के बीजों से ज्यादा पायदार होते थे।

(रिक्शे की घण्टी की आवाज़)

रिक्शेवाला : बादलों ने सूरज की हत्या कर दी, सूरज मर गया। मैं दूसरे का बोझ ढोता हूँ। मेरे रिक्शे में आईने लगे हैं। मैं इन सब आईनों में अपना मुँह देखता हूँ। सूरज नहीं रहा। अब धरती पर आईनों का शासन होगा। आईने अब उगने और न उगने वाले बीज अलग-अलग कर देंगे।

थका अफ़सर : मैं एक थका हुआ अफ़सर हूँ *(ऊँघाता हुआ-सा)* मैं ब...हु...त...थ...क...गया हूँ। अन्धे कु...एँ... में जैसे एक-एक करके चीज़ें जमा हो जाती हैं। कुएँ की डोर ...मरी हुई सूखी बिल्ली...बेबी का जाँघिया...टूटा कनस्तर...वैसे ही...वैसी ही...थकान मेरे अन्दर जमा हो गयी है। एक अवसाद और अनेक थकान।

रिक्शेवाला : *(तेज़ी से)* आह, अफ़सर ! आगे देखकर चलो। *(टकरा जाता है)* आह, तुमने मेरा एक आईना तोड़ दिया

(अनाउंसर हँसती है और झुनझुना बजाती है।)

स्त्री की आवाज़ : *(साधारण और अलसायी)* मैं ऊब गयी हूँ। मेरा मन उचट गया। मैं सारा संसार मथूँगी, अपने अन्दर-बाहर सब मथूँगी। लेकिन चुपके-से, जैसे किसी को मालूम न हो। *(कुछ रुककर जैसे किसी ने कुछ कहा)* नहीं, मेरी हँसी में न सूरज है न चाँद। मुझे यह सब सोचने का वक़्त नहीं है। मुझे बहुत कुछ करना है। *(धीरे से)* मुझे तुम्हें भी मथना है।

(कुछ अस्पष्ट आवाज़ें। अनाउंसर भी अपना झुनझुना हिला रही है। पर उससे कोई आवाज़ नहीं निकलती)

नहीं, नहीं, सँवारने का काम भी मेरा ही है। *(धीरे से)* मेरा सिर्फ काम है मथना, मथना, सृजन जिस बेरहम क़ानून से होता है, यह तुम जानो। आह, इस बालक के चेहरे पर तो झुर्रियाँ हैं। इसकी हँसी में तो मधुमक्खियाँ हैं।

(अनाउंसर हँसती है और झुनझुना बजाती है।)

उसी स्त्री की आवाज़ : *(तहज़ीबयाफ़्ता)* सर्दी में आदमी की फ़ीलिंग्ज भी जम जाती हैं। जानते हो तुम स्वीटहार्ट, इतनी देर से तुमने मुझसे जो कुछ कहा मैंने कुछ सुना ही नहीं। शब्द तो बड़े सुन्दर थे, बिल्कुल बच्चों की तरह।

एक मसरूफ़ पति : इसलिए तो मैं शराब पीता हूँ। मैं सोचता हूँ, अभी जाकर पीऊँगा। पीता जाऊँगा, पीता जाऊँगा जब तक कि मैं फिर से एक बच्चा न हो जाऊँ... फिर तब शायद मैं जो

कहूँगा वह तुम्हें समझना ही पड़ेगा।

स्त्री की आवाज़ : देखो, तुम अपनी आत्मा मथते क्यों नहीं, तुम अपना शरीर क्यों नहीं मथते...

एक मसरूफ़ पति : *(डरकर)* नहीं, मैं यह सब नहीं करूँगा। तुम ऐसे गहरे ग़ैरजायज़ शब्द क्यों बोलती हो? मथना? मैं नहीं जानता कैसे, लेकिन यह जानता हूँ कि यह बात ख़ूबसूरती से कही जा सकती है। नहीं, मैं एकबारगी शरीर को दिमाग़ के बन्धनों से अलग कर दूँगा। मैं लड़ूँगा, मैं शहीद हो जाऊँगा, मैं अजनबियों की भाषा बोलूँगा (जैसे वह डूब रहा हो), मैं सूरज का गला घोंट दूँगा। मैं...

(अनाउंसर हँसती है और झुनझुना बजाती है।)

एक परेशान स्त्री का स्वर : ओफ़ ! तुम्हारा इन्तज़ार करते तो हम बूढ़े हो चले थे। यही तुम्हारा सात बजे आने का वायदा है? यह क्या? तुम्हारा चेहरा क्यों उतरा है? तुम क्या बीमार हो? डर गये हो कहीं? क्या बात है? तुमने कहीं कुछ देखा है?

मसरूफ़ पति : मैंने कुछ देखा है ज़रूर, लेकिन इस वक़्त मालूम होता है, मैंने देखा नहीं, सिर्फ सुना है।

(अनाउंसर स्क्रीन से सटे हुए स्टूल पर बैठ जाती है।)

मैंने सुना कि इन बादलों से कोई निकलकर मुझसे बातें करने लगा। तपी हुई बेलाग बातें जैसे कोई मन-ही-मन घुटने वाला आदमी पहली बार शराब पीकर करता है...

एक परेशान रमणी : तब तुमने क्या किया?

मसरूफ़ पति : मैंने, मैंने, कुछ नहीं किया। मैंने थोड़ी-सी शराब और पी ली और निर्मला के घर गया। ऐसे ही ज़रा दिल बहलाने।

एक परेशान रमणी : किसका, अपना या निर्मला का? तुमने फिर शराब पी, तुम में कोई कैरेक्टर नहीं है, तुम आदमी से खींचे जाने वाले रिक्शे पर भी बैठ सकते हो... तुम तो लड़खड़ा रहे हो।

(रिक्शे की घंटी। अनाउंसर, हाथ का झुनझुना काली स्क्रीन से टिकाकर ऑडिटोरियम में बैठ जाती है।)

रिक्शेवाल! जल्दी से चलो, साहब की तबीयत ठीक नहीं है...

रिक्शावाला : *(घण्टी बजाते हुए, जैसे अभी जगा है।)*

मसरूफ़ पति : वहाँ दूर ऊनी बादलों में।

रिक्शावाला : आहा, तुम भी वैसी ही बातें करते हो। अभी तो थके हुए अफ़सर ने उससे कहा कि यह अन्धा कुआँ नहीं है, यह रिक्शा है। मेरे रिक्शे में शीशे हैं। पागल आया ने मेरा एक शीशा तोड़ डाला। नहीं, नहीं।

परेशान रमणी : किससे कहा तुमने कि यहाँ कुआँ है।

रिक्शावाला : *(घण्टी बजाते)* किसी से नहीं। मैं ज़रा कुछ सोचता-सा बहुत थक गया था, और सर्दी में कुछ सुन्न-सा हो गया था, अभी मैंने ऐसा देखा। एक अफ़सर मेरे पास आया, वह थका हुआ था, बेहद थका हुआ। कुछ सोचकर वह भी शायद बेहोश हो गया था।

एक परेशान रमणी : अच्छा आगे देखो...।

(रिक्शे की घण्टी बजती है।)

परेशान रमणी : तुम निर्मला के घर गये थे, निर्मला ने मेरे बारे में कुछ कहा था, मुझे पूछा?

मसरूफ़ पति : *(स्वप्निल)* निर्मला ने कहा? निर्मला ने कुछ नहीं कहा। निर्मला ही तो बादलों में चली गयी थी...तुमने सुना... निर्मला मुझे आज मालूम हुआ ऊनी बादलों में रहती है।

(अनाउंसर ऑडिटोरियम से लपककर झुनझुना बजा देती है। कुछ लड़के हँसते शोर मचा रहे हैं।)

थका हुआ अफ़सर : मैं अफ़सर हूँ, लेकिन थक गया हूँ। जवानी में मैंने हज़ारों खोपड़े चटकाये हैं, अब सिर्फ उँगलियाँ चटकाता हूँ–कभी-कभी मज़ाक़ भी चटखा लेता हूँ। अंगरेजी जानते हो 'क्रैकअ' 'जोहक' 'क्रैक अ' पिन।' *(लड़के हँसते हैं।)*

थका हुआ अफ़सर : अच्छा अब एक पहेली बूझो *(ताली बजाकर पटु लहजे में)* कॉलिज के बच्चो बूझो, क्या तुम ऐसी चिड़िया का नाम बता सकते हो जो उमड़ती निडर घटाओं के नीचे नाचती है, जिसके पर में आठ रंग होते हैं, पर जो कुत्ते

की तरह भौंकती है।

एक लड़का : *(रुआँसा)* नहीं !

(थका हुआ अफ़सर ख़ुशी से तालियाँ पीटकर नाचने लगता है) तुम नहीं बता सकते, मैं जानता था तुम नहीं बता सकोगे। मोर, मोर, मोर, तुम नहीं जानते। मोर...

एक लड़का : *(कड़ककर)* लेकिन मोर भौंकते कहाँ हैं?

थका हुआ अफ़सर : यही तो भेद है, और नहीं तुम बूझ न लेते। और इसमें मज़ाक़ ही क्या था। *(अनाउंसर झुनझुना बजाती है। अबकी वह हँसती नहीं है।)*

परेशान रमणी : *(जैसे भौंककर)* मुझे मालूम मैंने तुमसे क्यों शादी की। **(रमणी हँस रही है, भयानक हँसी। अनाउंसर झुनझुना ज़ोर-ज़ोर से बजाती है। रमणी की हँसी धीरे-धीरे मधुर हो जाती है। अनाउंसर झुनझुना टिकाकर फिर ऑडिटोरियम में आकर बैठ जाती है। परेशान रमणी का स्वर और लहजा फ़ौरन बदलकर शायराना और डूबा-डूबा-सा हो जाता है।)** मेरी तरफ़ देखो। तुमने कभी मेरे बारे में यह नहीं सोचा कि मैं बादल से निकलकर आयी हूँ या बादलों में रह सकती हूँ। तुम निर्मला ही के बारे में यह बातें सोच सकते हो।

मसरूफ़ पति : मैं सोचता कहाँ हूँ। सुनता हूँ और देखता हूँ। मैं देखता हूँ, मैं सिर्फ देखता हूँ। मैं बहुत-सी बातें देख लेता हूँ। बाद में मेरी कोशिश यह रहती है कि जो भी मैंने देखा है, कोई भी ख़ासकर तुम न देखो, और इसलिए जो मैं देख लेता हूँ–उसे फ़ौरन तोड़ना चाहता हूँ। मैं तुमसे प्रेम जो करता हूँ।

परेशान रमणी : क्यों, अगर मैं देख लूँगी तो क्या होगा ?

मसरूफ़ पति : *(बड़ी सहूलियत से)* नहीं, मैं चाहता हूँ कि तुम सिर्फ सुनो। तुम सुन लोगी तो मेरा अन्त हो जाएगा। बिल्कुल इस तरह।

(रिक्शा की घंटी ज़ोर से बजती है)

परेशान रमणी : *(बिना डरे)* क्यों, तुम हमेशा इस तरह बात क्यों सोचा करते हो?

मसरूफ़ पति : क्योंकि मैं इतना डरा हुआ हूँ। तुमने ठीक कहा देखो, मैंने यह सुन लिया।

पागल आया : *(दूर से)* बाबा, जान बा...बा...मशालची बाबा। तुम खेलने बड़ी दूर चले जाते हो। तुम्हारे सूटर में कीड़े लग रहे हैं।

(पागल आया की आवाज़ से चौंक पड़ता है।)

मसरूफ़ पति : नहीं, मुझे जरूर नाश करना चाहिए। मैं अपना डर दबा सकता हूँ, बहला सकता हूँ–भुला सकता हूँ–लेकिन मैं तो उसे उखाड़ फेंकना चाहता हूँ। क्या मुसीबत है। संसार में भय के नाश करने का मतलब है संसार का नाश करना।

परेशान रमणी : लेकिन तुम भय पैदा ही क्यों करते हो। मालूम होता है, तुम सिर्फ भय ही भय खाते हो। तुम मुझे कुछ बतलाते क्यों नहीं?

मसरूफ़ पति : *(हिकारत से हँसते)* तुम जानती हो भय छोड़ देने से क्या होगा? तब मैं कुछ मिटा नहीं सकता, नाश नहीं कर सकता। मुझे बराबर सृजन करना होगा। (रुआँसा होकर) और तब हमारी आत्मा और शरीर के मँथन से जो निकलेगा, वह हमें मार डालेगा। हमारा अन्त कर देगा। तुम बूढ़ी हो जाओगी, जीवन-क्रीड़ा नन्ही-सी रतन-जड़ी रिस्टवाच की तरह रुक जाएगी।

(रिक्शे की घण्टी बजती है।)

परेशान रमणी : फिर भी !

मसरूफ़ पति : नहीं, मुझे नाश करना ही पड़ेगा। लड़ना पड़ेगा इस बेरहम, बेमानी और अनन्त शुरुआत के ख़िलाफ़। एक-एक पत्ती एक-एक शब्द और एक-एक पत्थर के ख़िलाफ़। *(एकबारगी ज़ोर की आवाज़ जैसे रिक्शा ढेर होने को होता है। अनाउंसर जल्दी से जाकर झुनझुना*

उठा लेती है। उसे बजाती भी है लेकिन कोई असर नहीं होता। एक ख़ासा गोलमाल हो जाता है। परेशान रमणी, मसरूफ़ पति, रिक्शेवाला सब एक साथ बोलते हैं या बीच में पागल आया की भी आवाज़ वही मशालची बाबा पुकारती हुई दूर से सुनाई देती है। अनाउंसर गान देती है तब कहीं गोलमाल ख़त्म होता है।)

थका हुआ अफ़सर : मैं बेहद थका हुआ हूँ। मेरा रोम-रोम चूर हो रहा है और आपने इसे गिरा दिया और फिर मारा। मैं सीटी बजाता हूँ। देखता हूँ...उसे बजा सकता हूँ या नहीं।

परेशान रमणी : यह देखता नहीं था और मैं हमेशा देखती हूँ। यह देखता नहीं था।

मसरूफ़ पति : मैंने देखा और अपनी जीवन संगिनी से बताया। मैंने उसे समझाया कि मेरे लिए मिटाना और नाश करना कितना ज़रूरी है। मैंने उसे क़ायल कर दिया कि बिना नाश किये बनाया जा ही नहीं सकता। *(अनाउंसर हँसती है और झुनझुना हिलाती है)*

थका हुआ अफ़सर : तुमने ज़रूर समझा दिया होगा और इस रिक्शेवाले का तुम नाश करना चाहते थे। तुमने क्या शब्द कहा था?

मसरूफ़ पति : *(बदला हुआ स्वर)* कौन? हम, नहीं। तुम हमको क्या समझते हो? हम क्या पागल हैं? यह आदमी देखता नहीं था। आगे देखकर नहीं गया, ठोकर लग गयी। मैं नाश करता हूँ।

रिक्शावाला : *(गर्व से)* नहीं हमको पीछे से ठोकर लगायी गयी। मैंने रिक्शे के आईने में साफ़ देखा, शायद वह ठोकर अब तक आईने में दिखलाई दे रही हो।

थका हुआ अफ़सर : मैं सीटी बजाऊँगा। मैं अपनी बाक़ी ताक़त सीटी बजाने में सर्फ़ कर दूँगा।

परेशान रमणी : नहीं, रुको। सीटी नहीं बजाओ। हमारी तरफ़ देखो। मैं कभी कुछ नहीं पैदा करती।

मसरूफ़ पति : मैं हरवक़्त सोते-गाते देखता हूँ और रचता हूँ और क़ायम करता हूँ...

परेशान रमणी : बात यह है कि हमारे पति बड़े मसरूफ़ रहते हैं। कभी-कभी यह अपने दिमाग़ को आराम देने के लिए ऊटपटाँग बातें करने लगते हैं। बिल्कुल पागल आया की तरह। *(बात टालने की कोशिश में)* पागल आया को आपने देखा है? उसने 200 किताबें लिखी हैं, वह कहती है। वह देखती नहीं है। वह सिर्फ ढूँढ़ती है। वह, यक़ीन मानें, सिर्फ ढूँढ़ती है न जाने क्या और कहाँ *(धीरे से)* लेकिन मुझे डर है, वह तुमको ही ढ़ूँढ़ रही है।

थका हुआ अफ़सर : मुझे इससे कोई मतलब नहीं लेकिन आपने यह रिक्शा लिया। इस जाड़े-पाले-ओले में इसे दौड़ाया और फिर धीरे या लापरवाही से चलने पर अपनी ऊँची एड़ी से आपने इसे ठोकर मारी। यह गिर गया। शायद इसका एक पैर ही बेकार हो गया।...यह रचना और नाश करना दोनों है। तुमने एक रिक्शे का नाश किया और तुमने सौ पैदा किये।

मसरूफ़ पति : लेकिन मैंने ठोकर नहीं मारी, तुम यह कहोगे शायद।

परेशान रमणी : मैंने मारी, यह देखता नहीं था, यह क्यों नहीं देखता, यह रोज़ नहाता क्यों नहीं है। ओह, यह बहुत गन्दा है। *(गश-सा आ जाता है।)*

मसरूफ़ पति : अब तुमने देखा ! देखने और न देखने वाले में क्या फ़र्क़ है–*(बहुत धीरे)* आओ, हम इसकी सीटी का नाश कर डालें, इस अफ़सर का नाश कर डालें जल्दी। आओ, आओ, सौदा कर लें, फिर मैं तुम्हें बादलों में रहने की इजाज़त दे दूँगा। मैं कभी *(सँभालते हुए)* तुम्हारी रची हुई कोई चीज़ नाश नहीं करूँगा।

थका हुआ अफ़सर : *(टोककर)* यह क्या घुसपुस कर रहे हो। आप जानती हैं कि एक क़ानून है जिसमें उन लोगों को सज़ा मिलती है जो जानवरों के साथ, ख़ासकर सवारियों में जुतने वाले जानवरों के साथ बेरहमी करते हैं। *(सीटी बजाता है)*

परेशान रमणी : *(ग़ुस्से में)* तुम क्या इस आदमी को जानवर बना दोगे? यह रिक्शेवाला कोई बैल है या घोड़ा? *(अनाउंसर झुनझुना बजा देती है।)*

मसरूफ़ पति : *(जोशीली स्पीच)* मैं इसके ख़िलाफ़ लड़ूँगा। मैं आन्दोलन करूँगा। मैं मुल्कों से सुलह करूँगा और उन्हें तोड़ूँगा। मैं आलमगीर लड़ाइयाँ करूँगा, मैं कहर डालूँगा। देखो मैं क्या-क्या करता हूँ। मैं बड़ी-बड़ी लाइब्रेरियों में...आग लगा दूँगा। मैं शहरों और पर्वतों को स्याही की बूँद की तरह नक़्शे से पोंछ दूँगा। यह आदमी है, जानवर नहीं है। यह रिक्शेवाला अन्धा कुआँ है। मेरी बीवी बादलों में रहती है। पागल आया हम सबको बचायेगी।

पागल आया : *(पागल जोश में)* अहा मिल गया, बाबा, जानबाबा, मशालची बाबा, मिल गया लेकिन तुम घर से बहुत दूर निकल आये। तुम्हारा सूटर। *(पागल आया और मसरूफ़ पति दोनों सुबकने लगते हैं जैसे वही दोनों मिल गये हों।)*

मसरूफ़ पति : थका हुआ अफ़सर मर गया। रिक्शेवाले ने उसे मार डाला।

पागल आया : अफ़सर मर गया, रिक्शेवाले ने उसे मार डाला। अफ़सर ने...रिक्शेवाले को ठोकर लगायी थी। रिक्शेवाले ने अपने आईने से उसे मार डाला। यह जो सामने खड़ा है यह न थका हुआ है, न अफ़सर।

थका हुआ अफ़सर : *(जैसे वह एकबारगी सब भूल गया हो)* मेरे अन्दर घनी थकावट बस गयी है। *(जैसे डूब रहा हो)* जिस तरह एक अन्धे कुएँ में *(छटपटाता-सा)* मरी हुई सूखी बिल्ली, चमकीली वार्निश के टीन...किताबों के वरक़। *(गिर पड़ता है।)*

पागल आया : रिक्शेवाले ने कितना अच्छा नाश किया। मेरी ख़्वाहिश है कि हम उसके स्टेचू बनायें। उसकी जाली ऑटोग्राफ़ बेचने के लिए कम्पनियाँ खड़ी करें।
लेकिन मशालची बाबा, तुम घर से कितनी दूर निकल

आये हो और तुम्हारा सूटर कीड़ों ने ख़त्म कर दिया...

एक आवाज़ : हमारे सबसे ताज़ी ईजाद काँच के सूटर। इनको सिर्फ ताँबे के कीड़े खा सकते हैं। *(कुछ रुककर)* हमारी इससे भी ताज़ी ईजाद ताँबे के कीड़े। यह बुलाने से बोलते और हँसते हैं...ताँबे के कीड़े *(रोशनी हो जाती है। अनाउंसर इठलाती हुई हँस रही है। झुनझुना वह कमरबन्द में अटका लेती है।)*

अनाउंसर : नहीं, अभी ख़त्म कहाँ हुआ? अभी तो दो मिनट का एक नाच-गाना और है। न जाने इस गाने से अन्त करने में नाटक लिखने वाले का क्या मतलब है? मेरी समझ से तो पूरे नाटक में ही कुछ हल नहीं होता। पूछे जाने पर नाटक लिखने वाला कुछ ऐसा कहेगा कि ज़िन्दगी और नाटक का प्रॉबलेम शायद एक ही है–यानी लम्हे को मुकम्मिल कर देना। विरोध और विद्रोह को एक स्वर करना और उसमें एक केन्द्रीय महत्त्व यानी Central Significance हासिल करके उसका दर्शकों पर एक फीका असर उपजाना कि वह उनकी बुद्धि, विचार और नज़र उकसाये।

लेकिन यह सब बेबात की बातें हैं। सभी न्यूराटिक इसी तरह की बातें करते हैं। मेरी समझ में इस नाटक का लेखक न्यूराटिक है। हमें जो रुचता नहीं, जो हमारे विचारों के साँचे में अँटता नहीं, उसे हम न्यूसोसिस न कहें तो क्या कहें? इस पूरे नाटक में कोई मतलब नहीं है, वह हमें ख़ामख़ाह भरम में डाल रहा है।

(झुनझुना निकालकर बजाती है और शर्माई हँसी हँसती है। स्क्रीन के पीछे से रिक्शावाला जो पैर में घुँघरू बाँधे है, दर्शकों को जोकरों की तरह हँसाने की कोशिश कर रहा है। (सर्कस के जोकरों की तरह न उपस्थित किया जाये) औरों के खड़े हो जाने पर वह आगे आकर अपना गाना और नाच शुरू कर देता है। गाना किसी भी भद्दी लय में गाया जा सकता है और नाच उछल-कूद से ज़्यादा कुछ नहीं।)

रिक्शे वाले का गीत–
बीवी बोले नाहीं
बोले नाहीं
कुंडा खोले नाहीं
हम से बोले नाहीं
(सुरीली लय में)–उमड़ रही बरसात रे
(लहरे में)–बीवी बोले नाहीं, बोले नाहीं
बोले नाहीं, बोले नाहीं
बीवी बोले नाहीं...

(अनाउंसर लाल सिन्दूर होकर हँसी से लोट-पोट हो जाती है और बड़ी भली मालूम हो रही है।)

✶✶

भोर का तारा

–जगदीश चन्द्र माथुर

पात्र

शेखर : उज्जयिनी का कवि

माधव : साम्राज्य का एक राज्य कर्मचारी (शेखर का मित्र)

छाया : शेखर की प्रेयसी, बाद में पत्नी

समय : सन् 455 ई. के आस-पास

स्थान : गुप्त साम्राज्य की राजधानी उज्जयिनी में एक साधारण कवि का गृह।

पहला दृश्य

(कवि शेखर का गृह। सब वस्तुएँ अस्त-व्यस्त। बायीं ओर एक तख़्त पर मैली फटी हुई चादर बिछी है। उस पर एक चौकी भी रखी है और लेखनी इत्यादि भी। इधर-उधर भोजपत्र बिखरे हुए पड़े हैं। एक तिपाई भी है जिस

पर कुछ पात्र रखे हुए हैं। पीछे की ओर एक खिड़की है। बायाँ दरवाजा अन्दर जाने के लिए है और दायाँ बाहर से आने के लिए। दीवारों में कई आले या ताख हैं, जिनमें दीपदान या कुछ और वस्तुएँ रखी हैं। शेखर कुछ गुनगुनाते हुए टहलता है, या कभी-कभी तख़्त पर बैठकर कुछ लिखता जाता है। जान पड़ता है, वह कविता बनाने में संलग्न है। तल्लीन मुद्रा। जो कुछ वह कहता है, उसे लिखता भी जाता है)

शेखर : अँगुलियाँ आतुर तुरत पसार, खींचते नीले पट का छोर...
(दुबारा कहता है फिर लिखता है।)
टँका जिसमें जाने किस ओर...
स्वर्ण कण....स्वर्ण कण....

(पूरा करने के प्रयास में तल्लीन है, इतने में बाहर से माधव का प्रवेश। सांसारिकता का भाव और जानकारी उसके चेहरे पर प्रकट है। द्वार के पास खड़ा होकर थोड़ी देर तक कवि की लीला देखता रहता है। उसके बाद।)

माधव : शेखर!

शेखर : *(अभी सुना ही नहीं। एक पंक्ति लिखकर)* 'स्वर्णकाल प्रिय को रहा निहार।'

माधव : शे-खर!!

शेखर : *(चौंककर)* कौन....ओह! माधव।
(उठकर माधव की ओर बढ़ता।)

माधव : क्या कर रहे हो, शेखर?

शेखर : यहाँ आओ, माधव, यहाँ *(उसके कन्धों को पकड़कर, तख्त पर बिठाता हुआ)* यहाँ बैठो। *(स्वयं खड़ा है)* माधव, तुमने भोर का तारा देखा है कभी?

माधव : *(मुस्कराते हुए)* हाँ, क्यों?

शेखर : *(बड़ी गम्भीरतापूर्वक)* कैसा अकेला-सा, एकटक देखता रहता है। जानते हो क्यों? नहीं जानते? *(तख़्त के दूसरे भाग पर बैठता हुआ)* बात यह है कि एक बार रजनीबाला अपने प्रियतम प्रभात से मिलने चली, गहरे नीले कपड़े पहनकर जिसमें सोने के तार टँके थे। ज्यों ही निकट पहुँची, त्यों ही लाज की आँधी आयी और बेचारी रजनी को उड़ाले चली *(रुककर)* फिर क्या हुआ?

माधव : *(कुछ उद्योग के बाद)* प्रभात अकेला रह गया।

शेखर : नहीं। उसने अपनी अँगुलियाँ पसारकर उसके नीले पट का छोर खींच लिया। जानते हो, यह भोर का तारा है न, उसी छोर में टँका हुआ सोने का कन है, एकटक प्रियतम प्रभाव को निहार रहा है।...क्यों

माधव : बहुत ऊँची कल्पना है! लिख चुके क्या?

शेखर : अभी तो और लिखूँगा। बैठा ही था कि इतने में तुम आ गये...

माधव : *(हँसते हुए)* और अब तुम्हें ध्यान हुआ कि तुम धरती पर ही बैठे हो, आकाश में नहीं। *(रुककर)* मुझे कोस तो नहीं रहे हो, शेखर?

शेखर : *(भोलेपन से)* क्यों?

माधव : तुम्हारी परियों और तारों की दुनियाँ में मैं मनुष्यों की दुनिया लेकर आ गया।

शेखर : *(सच्चेपन से)* कभी-कभी मुझे तुममें भी कविता दीख पड़ती है।

माधव : मुझमें?....*(ज़ोर से हँसकर)* तुम अठखेलियाँ करना भी जानते हो? *(गम्भीर होते हुए)* शेखर, कविता तो कोमल हृदयों की चीज़ है, मुझ जैसे कामकाजी राजनीतिज्ञों और सैनिकों के तो छूने भर से मुरझा जायेगी। हम लोगों के लिए तो दुनिया की और ही उलझनें बहुत हैं।

शेखर : माधव, तुमने कभी यह सोचा है कि इन उलझनों से बाहर निकलने का मार्ग भी हो सकता है?

माधव : और हमलोग करते ही क्या हैं? रात-दिन मनुष्यों की नयी-नयी उलझने सुलझाने का ही तो उद्योग करते रहते हैं।

शेखर : यही तो नहीं करते। तुम राजनीतिज्ञ और मन्त्री लोग बड़ी संजिदगी के साथ अमीरी-ग़रीबी, युद्ध और सन्धि की समस्याओं को हल करने का अभिनय करते हो, परन्तु मनुष्य को इन उलझनों के बाहर कभी नहीं लाते। कवि इसका प्रयत्न करते हैं, पर तुम उन्हें पागल...

माधव : कवि? *(अवहेलनापूर्वक)* तुम उलझनों से बाहर निकलने का प्रयास नहीं करते, तुम उन्हें भूलने का प्रयास करते हो। तुम सपना देखते हो कि 'जीवन सौन्दर्य है।' हम जागते रहते हैं और देखते हैं कि जीवन कर्तव्य है।

शेखर : *(भावुकता से)* मुझे तो सौन्दर्य ही कर्तव्य जान पड़ता है। मुझे तो जहाँ सौन्दर्य दीख पड़ता है, वहाँ कविता दीख पड़ती है, वहीं जीवन दीख

पड़ता है। *(स्वर बदलकर)* माधव, तुमने सम्राट् के भवन के पास, राजपथ के किनारे उस अन्धी, भीखमंगी को कभी देखा है?

माधव : *(मुस्कुराहट रोकते हुए)* हाँ!

शेखर : मैं उसे सदा भीख देता हूँ। जानते हो क्यों?

माधव : क्यों *(कुछ सोचने के बाद)* 'दया सज्जनस्य भूषणम्।'

शेखर : दया? हूँ। *(ठहरकर)* मैं तो उसे इसलिए भीख देता हूँ, क्योंकि मुझे उसमें एक कविता, एक लय, एक व्यथा झलक पड़ती है। उसका गहरा झुर्रियोंदार चेहरा, उसके काँपते हुए हाथ, उसकी आँखों के बेबस गड्ढे *(एक तरफ़ एकटक देखते हुए, मानो इस मानसिक चित्र में खो गया हो)* उसकी झुकी हुई कमर-माधव, मुझे तो ऐसा जान पड़ता है, मानो किसी शिल्पी ने उसे इस साँचे में ढाला हो।

माधव : *(इस भाषण से उसका अच्छा-खासा मनोरंजन हो या जान पड़ता है। खड़े होकर शेखर पर शरारत-भरी आँखें गड़ाते हुए)* शेखर, टाट में रेशम का पैबन्द क्यों लगाते हो? ऐसी कविता तो तुम्हें किसी देवी की प्रशंसा में करनी चाहिए थी।

शेखर : *(सरल भाव से)* किस देवी की?

माधव : *(अर्थपूर्ण स्वर)* यह तो उसके पुजारी से पूछो।

शेखर : मैं तो नहीं जानता किसी पुजारी को।

माधव : अपने को आज तक किसी ने जाना है, शेखर? *(हँस पड़ता है, शेखर कुछ समझकर झेंपता-सा है)*...पागल!...*(गम्भीर होकर बैठते हुए)* शेखर, सच बताओ, तुम छाया को प्यार करते हो?

शेखर : *(मन्द, गहरे स्वर में)* कितनी बार पूछोगे?

माधव : बहुत प्यार करते हो?

शेखर : माधव, जीवन में मेरी दो ही तो साधनाएँ हैं *(तख़्त से उठकर खिड़की की ओर बढ़ता हुआ)* छाया का प्यार और कविता। *(खिड़की के सहारे दर्शकों की मुँह करके खड़ा हो जाता है)*

माधव : और छाया?

शेखर : *(वही गहरा स्वर)* हम दोनों नदी के दो किनारे हैं, जो एक दूसरे की ओर मुड़ते हैं, पर मिल नहीं पाते।

माधव : *(उठकर शेखर के कन्धे पर हाथ रखते हुए)* सुनो शेखर, नदी सूख भी तो सकती हैं।

शेखर : नहीं माधव, उसके भाई देवदत्त से किसी तरह की आशा करना व्यर्थ है। मेरे लिए तो उनका हृदय सूखा हुआ है।

माधव : क्यों?

शेखर : तुम पूछते हो क्यों? तुम भी तो सम्राट् स्कन्दगुप्त के दरबारी हो। देवदत्त एक मन्त्री है। भला एक मन्त्री की बहन का एक मामूली कवि से क्या सम्बन्ध?

माधव : मामूली कवि! शेखर, तुम अपने को मामूली कवि समझते हो?

शेखर : और क्या समझूँ? राजकवि?

माधव : सुनो शेखर, तुम्हें एक ख़बर सुनाता हूँ।

शेखर : ख़बर?

माधव : हाँ, मैं कल रात को राजभवन गया था।

शेखर : इसमें तो कोई नयी बात नहीं। तुम्हारा तो काम ही यह है।

माधव : नहीं, कल एक उत्सव था। स्वयं सम्राट् ने कुछ लोगों को बुलाया था। गाने हुए, नाच हुए, दावत हुई। एक युवती ने बहुत सुन्दर गीत सुनाये। सम्राट् तो उस पर रीझ गये।

शेखर : *(उकताकर)* आख़िर तुम यह सब क्यों सुना रहे हो, माधव?

माधव : इसलिए कि सम्राट् ने उसे गीत बनाने वाले का नाम पूछा। पता चला कि उसका नाम था–शेखर।

शेखर : *(चौंककर)* क्या?

माधव : अभी और तो सुनो। उस युवती ने सम्राट् से कहा कि अगर आपको यह गाना पसन्द है तो इसके लिखने वाले कवि को अपने दरबार में बुलाइए। अब कल से वह कवि महाराजाधिराज सम्राट् स्कन्दगुप्त विक्रमादित्य के दरबार में जायेगा।

शेखर : मैं!!

माधव : *(अभिनय करते हुए झुककर)* श्रीमान्, क्या आप ही का नाम शेखर है!

शेखर : मैं जाऊँगा सम्राट् के दरबार में? माधव, सपना तो नहीं देख रहे हो?

माधव : सपने तो देखा करते हो...लेकिन अभी मेरा समाचार पूरा कहाँ हुआ?

शेखर : हाँ, वह युवती कौन है?

माधव : अब यह भी बताना होगा? तुम भी बुद्धू हो। क्या इसी बूते पर प्रेम करने चले थे?

शेखर : ओह!...छाया? *(माधव का हाथ पकड़ते हुए)*...तुम कितने...कितने अच्छे हो?

माधव : और सुनो!...सम्राट् ने देवदत्त को आज्ञा दी है कि वह तक्षशिला जाकर वहाँ क्षत्रप वीरभद्र के विद्रोह को दबायें। आर्य देवदत्त के साथ मैं भी जाऊँगा, उनका मन्त्री बनकर, समझे?

शेखर : *(स्वप्न में से)* तो क्या सच ही छाया ने कहा? सच ही।

माधव : शेखर, आठ दिन बाद बात आर्य देवदत्त और मैं तक्षशिला चल देंगे।...उसके बाद...उसके बाद छाया कहाँ रहेगी? भला बताओ तो?

शेखर : माधव! *(माधव हँस पड़ता है।)* इतना भाग्य? इतना? विश्वास नहीं होता?

माधव : न करो विश्वास!...लेकिन भलेमानस, छाया क्या इस कूड़े में रहेगी? ये बिखरे हुए काग़ज़, टूटी चटाई, फटे हुए वस्त्र! शेखर लापरवाही की सीमा होती है।

शेखर : मैं कोई इन बातों की परवाह करता हूँ?

माधव : फिर?

शेखर : मैं परवाह करता हूँ फूल की पंखुड़ियों पर जगमगाती हुई ओस की, *(भावोद्रेक से)* संध्या में सूर्य की किरणों को अपनी गोदी में समेटने वाले बादल के टुकड़े की, सुबह को आकश के कोने पर टिमटिमाने वाले तारों की...

माधव : एक चीज़ रह गई।

शेखर : क्या?

माधव : जिसे तुम दिन में वृक्षों के नीचे फैली देखते हो। *(उठकर खड़ा हो जाता है।)*

शेखर : वृक्षों के नीचे?

माधव : जिसे तुम दर्पण में झलकती देखते हो।

शेखर : दर्पण में?

माधव : जिसे तुम अपने हृदय में हमेशा देखते हो। *(निकट आकर)*

शेखर : *(समझकर, बच्चों की तरह)* छाया।

माधव : *(मुस्कराते हुए)* छाया।

(परदा गिरता है)

दूसरा दृश्य

(उज्जयिनी में आर्य देवदत्त का भवन जिसमें अब शेखर और छाया रहते हैं। कमरा सजा हुआ और साफ़ है। दीवारों पर कुछ चित्र खिंचे हुए हैं। कोने में धूपदान है। सामने तख्त पर चटाई और लिखने-पढ़ने का सामान है। बराबर में एक छोटी चौकी पर कुछ रखे हुए हैं। दूसरी ओर एक पीढ़ा है, जिसके निकट मिट्टी की, किन्तु कलापूर्ण एक अँगीठी रखी हुई है। दीवार के एक भाग पर एक अलगनी है जिस पर कुछ धोतियाँ इत्यादि टँगी हैं।

छाया-सौन्दर्य की प्रतिमा, चांचल्य और उन्माद और गाम्भीर्य का जिसमें स्त्रीसुलभ सम्मिश्रण है-गृहस्वामिनी होने के नाते कमरे की सब वस्तुएँ ठीक-ठीक स्थान पर सम्हालकर रख रही है। साथ ही कुछ गुनगुनाती भी जाती है। जाड़ा होने के कारण तापने के लिए उसने अँगीठी में अग्नि प्रज्वलित कर दी है। कुछ देर बाद पीढ़े पर बैठकर वह अँगीठी को ठीक करती है। उसकी पीठ द्वार की ओर है। अपने कार्य और गान में इतनी संलग्न है कि उसे बाहर पैरों की आवाज नहीं सुनाई देती है।)

गीत

प्यार की है क्या पहचान?
चाँदनी का पाकर नव-स्पर्श,
चमक उठते पत्ते नादान
पवन को परस सलिल की लहर,
नृत्य में हो जाती लयमान।
सूर्य का सुन कोमल पदचाप,
फूट उठता चिड़ियों का गान,
तुम्हारी तो प्रिय केवल याद,
जगाती मेरे सोये प्राण
प्यार की है क्या यह पहचान?

(धीरे-से शेखर का प्रवेश। कन्धे और कमर पर ऊनी दुशाला है, बग़ल में ग्रन्थ। गले में फूलों की माला है। द्वार पर चुपचाप खड़ा होकर मुस्कराते हुए छाया का गीत गुनता है।)

शेखर : *(थोड़ी देर के बाद, धीरे-से)* छाया! *(छाया नहीं सुन पाती है, गाना जारी है, फिर कुछ समय बाद)* छाया!

छाया : *(चौंककर खड़ी हो जाती है। एक साथ मुख फेरकर)* ओह!

शेखर : *(तख़्त की ओर बढ़ता हुआ)* छाया, तुम्हें एक कहानी मालूम है?

छाया : *(उत्सुकतापूर्वक)* कौसी?

शेखर : *(छोटी चौकी पर पहले तो अपने बग़लवाला ग्रन्थ रखता है, और फिर उस पर दुशाला रखते हुए)* एक बहुत सुन्दर-सी।

छाया : सुनें, कैसी कहानी है!

शेखर : *(बैठकर)* एक राजा के यहाँ एक कवि रहता था–युवक और भावुक। राजभवन में सब लोग उसे प्यार करते थे, राजा तो उस पर निछावर था। रोज़ सुबह राजा उसके मुँह से नयी कविता सुनता, नयी और सुन्दर कविता।

छाया : हूँ।

(पीढ़े पर बैठ जाती है, चिबुक को हथेली पर टेकती है।)

शेखर : परन्तु उसमें एक बुराई थी।

छाया : क्यों?

शेखर : वह अपनी कविता केवल सुबह के समय सुनाता था। यदि राजा उससे पूछता कि तुम दोपहर या संध्या को अपनी कविता क्यों नहीं सुनाते तो वह उत्तर देता, 'मैं केवल रात के तीसरे पहर में कविता लिख सकता हूँ?'

छाया : राजा उससे रुष्ट नहीं हुआ?

शेखर : नहीं। उसने सोचा कवि के घर चलकर देखा जाये कि रहस्य इसमें क्या है। रात को तीसरे पहर होते ही राजा वेश बदलकर कवि के घर के पास खिड़की के नीचे बैठ गया।

छाया : उसके बाद?

शेखर : उसके बाद राजा ने देखा कि कवि लेखनी लेकर तैयार बैठ गया। थोड़ी देर में कहीं से बहुत मधुर सुरीला स्वर राजा के कान में पड़ा। राजा झूमने लगा और कवि की लेखनी आप से आप चलने लगी।

छाया : फिर?

शेखर : फिर क्या? राजा महल को लौट आया और उसके बाद उसने कवि से कभी यह प्रश्न नहीं पूछा कि वह सुबह ही क्यों कविता सुनाता था। भला, बताओ तो क्यों नहीं पूछा?

छाया : बताऊँ?

शेखर : हाँ।

छाया : राजा को यह मालूम हो गया कि उस गायिका के स्वर में ही उस कवि की कविता थी और बताऊँ? *(खड़ी हो जाती है)*

शेखर : *(मुस्कराते हुए)* छाया, तुम...

छाया : *(टोककर, शीघ्रता और चंचलता के साथ)* वह गायिका और कोई नहीं, उस कवि की पत्नी थी। और बताऊँ? उस कवि को कहानी सुनाने का बहुत शौक़ था, झूठी कहानी! और बताऊँ? उस कवि के बाल लम्बे थे, कपड़े ढीले-ढाले, गले में उसके फूलों की माला थी, माथे पर...

(इस बीच में शेखर की मुस्कराहट हल्की हँसी में परिणत हो गयी है, यहाँ तक कि इन शब्दों तक पहुँचते-पहुँचते दोनों ज़ोर से हँस पड़ते हैं।)

शेखर : *(थोड़ी देर बाद गम्भीर होते हुए)* लेकिन छाया, तुम्हीं बताओ, तुम्हारे गान, तुम्हारी प्रेरणा, तुम्हारे प्रेम के बिना मेरी कविता क्या होती? तुम तो मेरी कविता हो?

छाया : *(बड़े गम्भीर, उलाहना-भरे स्वर में)* प्रत्येक पुरुष के लिए स्त्री एक कविता है।

शेखर : क्या मतलब तुम्हारा?

छाया : कविता तुम्हारे सूने दिलों में संगीत भरती है, स्त्री भी तुम्हारे ऊबे हुए मन को बहलाती है। पुरुष जब जीवन की सूखी चट्टानों पर चढ़ते-चढ़ते थक जाता है तब सोचता है–चलो थोड़ा मन बहलाव ही कर लें। स्त्री पर अपना सारा प्यार, अपने सारे अरमान निछावर कर देता है, मानो दुनिया में और कुछ हो ही न। और उसके बाद जब चाँदनी बीत जाती है, जब कविता भी नीरव हो जाती है, तब पुरुष को चट्टानें फिर बुलाती हैं और वह ऐसे भागता है मानो पिंजड़े से छूटा हुआ पंछी! और स्त्री के लिए फिर वहीं अँधेरा, फिर वही सूनापन।

शेखर : *(मन्द स्वर में)* छाया, तुम मेरे साथ अन्याय कर रही हो।

छाया : क्या एक दिन तुम मुझे भी ऐसे छोड़कर न चले जाओगे?

शेखर : लेकिन छाया, मैं तुम्हें छोड़कर कहाँ जा सकता हूँ?

छाया : उँहूँ, मैं नहीं मान सकती!

शेखर	:	सुनो तो, मेरे लिए तो जीवन में ऐसी सूखी चट्टानें थोड़े ही हैं। मेरी कविता ही मेरी हरी-भरी वाटिका है : मैं उसे प्यार करता हूँ, क्योंकि मुझे उसमें सौन्दर्य दिखता है। मैं तुम्हें प्यार करता हूँ, क्योंकि मुझे उसमें सौन्दर्य दीखता है। जिस रोज़ मैं तुमसे दूर हो जाऊँगा, उस रोज़ मैं सौन्दर्य से दूर हो जाऊँगा। अपनी कविता से दूर हो जाऊँगा। *(कुछ रुककर)* मेरी कविता मर जायेगी।
छाया	:	नहीं शेखर, मैं मर जाऊँगी, किन्तु तुम्हारी कविता रहेगी, बहुत दिन रहेगी।
शेखर	:	मेरी कविता! *(कुछ देर बाद)*...छाया, आज मैं तुम्हें एक बड़ी विशेष बात बताने वाला हूँ, एक ऐसा भेद जो अब तक मैंने तुमसे छिपा रखा था।
छाया	:	रहने दो, तुम सदा ऐसे भेद और ऐसी कहानियाँ सुनाया करते हो।
शेखर	:	नहीं...अच्छा, तनिक उस दुशाले को उठाओ। *(छाया उठाती है)* उसके नीचे कुछ है। *(छाया उस ग्रन्थ को हाथ में लेती है)* उसे खोलो...क्या है?
छाया	:	*(आश्चर्यान्वित होकर)* ओह *(ज्यों-ज्यों छाया उसके पन्ने उलटती जाती है, शेखर की प्रसन्नता बढ़ती जाती है।)* 'भोर का तारा'। उफ्फोह! यह तुमने कब लिखा? मुझसे छिपाकर।
शेखर	:	*(हँसते हुए। विजय का-सा भाव)* छाया, तुम्हें याद है उस दिन को, जब माधव के साथ मैं तुम्हारे भाई देवदत्त से मिलने इसी भवन में आया था?
छाया	:	*(शेखर की ओर थोड़ी देर देखकर)* उस दिन को कैसे भूल सकती हूँ, शेखर? उस दिन तो भैया को तक्षशिला जाने की आज्ञा मिली थी, उस दिन तो उन्होंने तुम्हें और मुझे माताजी का वह पत्र दिखाया था, जिसने हम दोनों को सर्वदा के लिए बाँध दिया।
शेखर	:	हाँ छाया, उस दिन मैंने इस महाकाव्य को लिखना आरम्भ किया था *(गहरे स्वर में)* आज वह समाप्त हो गया।
छाया	:	शेखर, यह हमारे प्रेम की अमर स्मृति है।
शेखर	:	उसे यहाँ लाओ। *(हाथ में लेकर चाव से खोलता हुआ)* 'भोर का तारा'। छाया, यह काव्य बड़ी लगन का फल है। कल मैं इसे सम्राट् की सेवा में ले जाऊँगा। और फिर, फिर जब मैं उस सभा में इसे सुनाना आरम्भ करूँगा, तब, तब सारे उज्जयिनी की आँखें मेरे ऊपर, होंगी। महाकाव्य, महाकाव्य! उस समय सम्राट् गद्गद हो जायेंगे

और मैं कवियों का सिरमौर हो जाऊँगा। छाया, बरसों बाद दुनिया पढ़ेगी कवि-कुल-शिरोमणि शेखरकृत 'भोर का तारा'—हा, हा, हा—

(विभोर हो जाता है। छाया उसकी ओर एकटक देख रही है। सहसा चेहरे पर चिन्ता की रेखा खिंच जाती है। शेखर हँस रहा है।)

छाया : *(वह हँसे जा रहा है)* शेखर!

(शेखर की दृष्टि उस पर पड़ती है।)

शेखर : *(सहसा चुप होकर)* क्यों छाया, क्या हुआ तुमको?

छाया : *(चिन्तित स्वर में)* शेखर!

(चुप हो जाती है।)

शेखर : कहो।

छाया : शेखर, तुम इसे सम्हालकर रखोगे न?

शेखर : बस, इतनी ही सी बात?

छाया : मुझे डर लगता है कि...कि...कहीं नष्ट न हो जाये, कोई इसे चुरा न ले जाये, और फिर तुम...

शेखर : हा, हा, हा, पगली! ऐसा क्यों होने लगा? सोचने से ही डर गयी? छाया, छाया तेरे लिए तो आज प्रसन्न होने का दिन है, बहुत प्रसन्न!... इधर देखो छाया, हम लोग कितने सुखी हैं? और तुम? जानती हो, तुम कौन हो? तुम हो तक्षशिला के क्षत्रप देवदत्त की बहिन और उज्जयिनी के सबसे बड़े कवि शेखर की पत्नी।...तक्षशिला का क्षत्रप और उज्जयिनी का कवि। हँ, हँ, हँ।...क्यों छाया?

छाया : *(मंद स्वर में)* तुम सच कहते हो, शेखर, हमलोग बहुत सुखी हैं।

शेखर : *(मग्नावस्था में)* बहुत सुखी।

(सहसा बाहर कालोहल। घोड़े की टापों की आवाज। शेखर और छाया छिटककर चैतन्य खड़े हो जाते हैं। शेखर द्वार की ओर बढ़ता है।)

शेखर : कौन है?

(सहसा माधव का प्रवेश। चकित और श्रमित; शस्त्रों से सुसज्जित। पसीने से नहा रहा है। पर भय और चित्ता के चिन्ह है।)

दोनों : *(विस्मित-से स्वर में)* माधव!

शेखर : माधव, तुम यहाँ कहाँ!

माधव : *(दोनों पर दृष्टि फेंकता हुआ)* शेखर, छाया! *(फिर उस कमरे पर डरती-सी आँखें डालता है, मानो उस सुरम्य घोंसले को नष्ट करने से*

भय खाता हो। कुछ देर बाद बड़े प्रयत्न और कष्ट के साथ बोलता है) मैं तुम दोनों से भीख माँगने आया हूँ।

(छाया और शेखर के आश्चर्य का ठिकाना नहीं है।)

छाया : भीख माँगने, तक्षशिला से?

शेखर : तक्षशिला से? माधव, क्या बात है?

माधव : **(धीरे-धीरे, मज़बूती के साथ बोलना प्रारम्भ करता है, परन्तु ज्यों-ज्यों बढ़ता जाता है, त्यों-त्यों स्वर में भावुकता आती जाती है।)** हाँ, मैं तक्षशिला से ही आ रहा हूँ। यहाँ तक कैसे आ गया, मैं नहीं जानता। हाँ, यह जानता हूँ कि आज गुप्त साम्राज्य संकट में है और हमें घर-घर भीख माँगनी पड़ेगी।

शेखर : गुप्त साम्राज्य संकट में! क्या कह रहे हो, माधव?

माधव : *(संजीदगी के साथ)* शेखर, पश्चिमोत्तर सीमा पर आग लग चुकी है। हूणों का सरदार तोरमाण भारतवर्ष पर चढ़ आया है।

छाया : *(भयाक्रान्त होकर)* तोरमाण!

माधव : उसने सिन्धु नदी को पार कर लिया है, उसने अम्भी राज्य को नष्ट कर दिया है। उसकी सेना तक्षशिला को पैरों तले रौंद रही है...

छाया : *(सहसा माधव के निकट जाकर, भय से कातर हो उसकी भुजा पकड़ती हुई।)* तक्षशिला?

माधव : *(उसी स्वर में)* सारा पंचनद आज उसके भय से काँप रहा है। एक के बाद एक गाँव जल रहे हैं। हत्याएँ हो रही हैं, अत्याचार हो रहा है। शीघ्र ही सारा आर्यावर्त्त पीड़ितों के हाहाकार से गूँजने लगेगा। शेखर, छाया-मैं तुमसे भीख माँगता हूँ–नयी भीख माँगता हूँ, सम्राट् स्कन्दगुप्त की, साम्राज्य की, देश की इस संकट में मदद करो। *(बाहर भारी कोलाहल! शेखर और छाया जड़वत् खड़े हैं।)* देखो, बाहर जनता उमड़ रही है। शेखर तुम्हारी वाणी में ओज है, तुम्हारे स्वर में प्रभाव। तुम अपने शब्दों के बल पर सोई हुई आत्माओं को जगा सकते हो, युवकों में जान फूँक सकते हो *(शेखर सुने जा रहा है। चेहरे पर भावों का आवेगा मस्तक पर हाथ रखता है।)* आज साम्राज्य को सैनिकों की आवश्यकता है। शेखर, ओजमयी कविता के द्वारा तुम गाँव-गाँव में जाकर वह आग फैला दो, जिससे हज़ारों

और लाखों भुजाएँ अपने सम्राट् और अपने देश की रक्षा के लिए शस्त्र हाथ में ले लें। *(कुछ रुककर शेखर के चेहरे की ओर देखता है। उसकी मुद्रा बदल रही है, जैसे कोई भीषण उद्योग कर रहा हो।)* कवि, देश तुमसे यह बलिदान माँगता है।

छाया : *(अत्यन्त दर्द-भरे करुण स्वर में)* माधव, माधव!!

माधव : *(मुड़कर छाया की ओर कुछ देर देखता है, फिर थोड़ी देर बाद।)* छाया, उन्होंने कहा था, "मेरे प्राण क्या चीज़ हैं। इसमें तो सहस्त्रों मिट गये और सहस्त्रों को मिटना है।"

शेखर : *(मानो नींद से जगा हो)* किसने?

माधव : आर्य देवदत्त ने, अन्तिम समय!

छाया : (जैसे बिजली गिरी हो) माधव, माधव, तो क्या भैया...

माधव : उन्होंने वीरगति पायी है, छाया *(छाया पृथ्वी पर घुटनों पर गिर जाती है। चेहरे को हाथों से ढक लिया है। इस बीच में माधव कहे जाता है, शेखर एक-दो बार घूमता है। उसके मुख से प्रकट हो जाता है, मानो डूबते को सहारा मिलने वाला है।)* तक्षशिला से चालीस मील दूर विद्रोही वीरभद्र की खोज में वह हूणों के दल के निकट जा पहुँचे। वहाँ उन्हें ज्ञात हुआ कि वीरभद्र हूणों से मिल गया है। उसके बीस सैनिक आगे हूणों में फँसे हुए थे। वे तक्षशिला लौट सकते थे और अपने प्राण बचा सकते थे। परन्तु एक सच्चे सेनापति की भाँति उन्होंने अपने सैनिकों के लिये अपने प्राण संकट में डाल दिये और मुझे तक्षशिला और पाटलिपुत्र को चेतावनी देने के लिए भेजा। मैं आज...

(सहसा रुक जाता है, क्योंकि उसकी दृष्टि शेखर पर जा पड़ती है। शेखर चौकी के पास खड़ा है। उसके चेहरे पर दृढ़ता और विजय का भाव है। बाहर कोलाहल कम है। शेखर अपना हाथ बढ़ाकर अपने ग्रन्थ 'भोर का तार' को उठाता है। इसी समय माधव की दृष्टि उस पर पड़ती है। शेखर पुस्तक को कुछ देर चाव से बिछुड़न से, प्रेम से देखता है। उसके बाद आगे बढ़कर अँगीठी के निकट जाकर उसमें जलती हुई अग्नि को देखता है और धीरे-धीरे उस पुस्तक को फाड़ता है। इस आवाज को सुनकर छाया अपना मुख ऊपर करती है।)

छाया : (उसे फाड़ते हुए देखकर) शेखर!

(लेकिन शेखर ने उसे अग्नि में डाल दिया है। लपटें उठती हैं। छाया फिर गिर पड़ती है। शेखर लपटों की तरफ़ देखता है, फिर छाया की ओर दृष्टिपात करता है, एक सूखी हँसी के बाद बाहर चल देता है। कोलाहल कम होने के कारण उसके पैरों की आवाज थोड़ी देर तक सुनाई देती है।)

(माधव द्वार की ओर बढ़ता है।)

छाया : (अत्यन्त पीड़ित स्वर में) माधव, तुमने तो मेरा प्रभात नष्ट कर दिया।

(माधव उसके बाद ये शब्द सुनकर बाहर जाता-जाता रुक जाता है। मुड़कर छाया की ओर देखता है और पीछे की खिड़की के निकट जाकर उसे खोल देता है। इससे बाहर का कोलाहल स्पष्ट सुनाई देता है। शेखर और उसके साथ पूरे जन-समूह के गाने का स्वर सुन पड़ता है–) अभय जाग जनता जनार्दन!

कहाँ हैं भयंकर तरंगें, कहाँ सो रहा क्रुद्ध गर्जन?

महोदधि तनिक तो उमड़ तू, बुलाता तुझे मैं प्रभंजन।

अभय जाग जनता जर्नादन!

(शेखर का स्वर तीव्र है। माधव खिड़की को बन्द कर देता है। पुनः शान्ति।)

(इसके बाद मन्द, परन्तु दृढ़ स्वर में बोलता है।)

माधव : छाया, मैंने तुम्हारा प्रभात नष्ट नहीं किया, प्रभात तो अब होगा। तो अब तक भोर का तारा था। अब प्रभात का सूर्य होगा।

(छाया धीरे-धीरे अपना मस्तक उठाती है।)

(पर्दा गिरता है।)

**

मम्मी-ठकुराइन

–लक्ष्मीनारायण लाल

पात्र

नीता : ठकुराइन

बहादुर : प्रोफ़ेसर साहब

अजय : खन्नाबाबू

मम्मी : टिकिटबाबू
मुंशी जी : मूँगफलीवाला
तथा चौधरी क़यामत हुसेन

(मंच पर आमने-सामने, अर्थात् दायें-बायें कोनों पर क्रमश: मम्मी और ठकुराइन के घरों के दरवाज़े दीख पड़ रहे हैं। मम्मी के दरवाज़े पर पर्दा झूल रहा है। ठकुराइन के खुले दरवाज़े पर एक खाट बिछी है, एक खड़ी है।)

दोनों घरों के बीच में गली है, जो दूर तक दिखाई पड़ती है। अन्त में एक म्युनिसिपल लैम्पपोस्ट, जिसमें लालटेन जलकर बुझ चुकी है। शेष गली में सदा नीली रोशनी–दूसरे दृश्य में और भी हल्की रोशनी, उस पर धुएँ के फैलने के संकेत।

रानी मम्मी की साहबजादी नीता; बारह साल की होनहार लड़की सलवार पहनती है, बालों में सदा दो चोटियाँ रखती है; बड़ी तेज़ बोलने वाली है, भगवान बचाये! बहादुर ठकुराइन का मँझला लड़का है, दस वर्ष का, नेकर पर सदा कुर्ता अथवा बनियाइन ही पहनता है। अजी, बड़ा क्रोधी है, बड़ी-बड़ी आँखों से जैसे सदा घूरता रहता है। पर अजय, मम्मी का मँझला लड़का, अवस्था से यह भी प्राय: बहादुर का समवयस्क है, पर वह उससे कमज़ोर है, छोटा है पर इससे क्या, अजय के फैशन और लाड़-प्यार के आगे सब झूठे हैं। बड़ा ही तेज़, चंचल और प्यारा दीखता है। मम्मी तो माँ ही हैं अजय की। इनकी न पूछिये, डर लगता है इनके नाज-नखरे से, सदा जैसे असन्तुष्ट-अप्रसन्न रहती हैं। अवस्था चालीस से ऊपर ही है, पर अब भी यह एम.ए. फाइनल ज़रूर करेंगी। पतली हो जाने के लिए दवा करने की सोचती हैं।

मुंशीजी! आह... हाय, दायी लालटेन बुझते-बुझते रह गयी है। अभी हाल ही में ऑपरेशन कराके लौटे हैं, दायीं आँख पर हरी पट्टी। अवस्था पचास साल, हाथ में छड़ी-धोती पर बढ़िया शेरवानी। ठकुराइन साहबा! अजी, नमस्ते! देखिए आप बहुत मुस्कराती हैं। मैं टिकट बाबू से कह दूँगा, हाँ! अजी, कोई डर है उनका, ठकुराइन एक बालिश्त बड़ी हैं। प्यार से भी एक घूंसा अगर किसी को मार दें तो राम क़सम गंगाजल। हँसती कितना हैं, गोरी-चिट्टी, और स्वस्थ। सीधे पल्ले का आँचल जैसे कभी माथे से उतरता ही नहीं। हाय राम...कड़े...छड़े...कंगन...वाली, भरे हाथ की चूड़ियाँ, क्या ग़ज़ब करती हो ठकुराइन?

प्रोफ़ेसर साहब! अजी इंक़लाब, जिन्दाबाद। हाँ...हाँ...बोलिए...बोलिए... मम्मी बाज़ार गयी हैं, आपके लिए सूट सिलाने। पैन्ट कसी रखिए, चश्मा न उतारिए

..."हाँ पढ़ाइये अब। सही कहते हैं आप प्रोफ़ेसर साहब...तेरी दुनिया में सब कुछ है, मगर प्यार नहीं। प्यार के मतलब इश्क़, तनहाई।

अहा हा! खन्ना बाबू! कितने हसीन आदमी थे यार तुम लेकिन भाई, इतने मोटे क्यों होते जा रहे हो? अमाँ, अपनी भाभी से पूछो न। बहुत तंग करती हैं। बैंक की नौकरी, इधर सर पे घर की भरी टोकरी, पर कोई बात नहीं, खैर! हें हें हें ऽऽऽ!

ओ हो टिकट बाबू! जै राम जी की! ज़रा जल्दी में हूँ, फिर मिलूँगा...ड्यूटी है ड्यूटी। सफ़ेद पैंट और काला कोट माशाल्लाह, कभी धुला डालिए ठाकुर साहब! अजी टिकट बाबू कहो, भड़काओ नहीं मुझे, ताव आ जाता है, हाँ! अच्छा-अच्छा, चुप रहो भाई, इधर देखो अब पर्दा उठ रहा है। मार्च की एक शाम, जो रात बन रही है।

क्षण भर के लिए मंच सूना है, पृष्ठभूमि में लड़कों का कोलाहल। फिर सामने गली में रोते हुए अजय का प्रवेश; बहादुर पीछे है, जो ताली पीट-पीटकर हँस रहा है।)

नीता–*(अपने दरवाज़े से निकलती है, ग़ुस्से से लाल)* बत्तमीज़ कहीं के! *(बहादुर के सामने जाकर तन जाती है, जैसे अभी पीट देगी)* किसने मारा अजय को? क्यों मारा तुमने?

(बहादुर हँस के रह जाता है।)

नीता–बत्तमीज़ कहीं के! ज़रा भी अकल नहीं। अजय रो रहा और तुम हँस रहे हो?'... आने दो पापा को।

बहादुर–जब दौड़ नहीं पाते तो यह हम लोगों के संग खेलते क्यों हैं?

नीता–तू कहीं का लाट साहब है क्या?

बहादुर–*(ग़ुस्से से)* हइय! मुझसे बहुत टिर्र पिर्र मत क़ीजियो, हाँ!

नीता–इसकी पैंट और क़मीज़ क्यों ख़राब कर दी?

बहादुर–गाँठ में ज़ोर नहीं, खेलने आते हैं। भकाभक गिरते हैं, और ऊपर से पें...पें...पें।

(उसी क्षण अजय रोते-रोते सहसा बहादुर के ऊपर थूक देता है, बहादुर फड़ाक से उसके गाल पर एक चाँटा जमा देता है। नीता बहादुर को कई बार मारने को होती है, पर बहादुर उसके हाथों को पकड़-पकड़ लेता है, उसी हंगामे में मम्मी निकलती हैं।)

मम्मी–बस...बस, ख़बरदार *(बीच में आकर बहादुर को अलग कर देती है)* क्यों बहादुर, तेरी यह मजाल!...ओ हो...माई गॉड!! मैं तो डेढ़ ही महीने में ऊब गयी इस मुहल्ले से, तंग आ गयी इस गली और पड़ोस से।

नीता–मम्मी! अजय की क़मीज़ और पैंट की हालत देखिए।

मम्मी–मैं पागल हो जाऊँगी इस पड़ोस में। यह सारे नये धुले कपड़े! इतनी धुलाई-सिलाई, ये सब क्या जानें!

अजय–मम्मी देखिए, बहादुर ने मुझे इतनी ज़ोर से मारा है कि...बत्तमीज कहीं का!

मम्मी–बत्तमीज तू है! मैंने तुझसे लाख मना किया है, तू इन लौंडों के संग कुछ न खेल, पर तू है कि...।

नीता–मम्मी! यह बहादुर गन्दी-गन्दी बातें बोलता है।

मम्मी–आने दो आज तुम्हारे पापा को! आज कोई फ़ैसला होके रहेगा। अपने दरवाज़े पर आ तमाशा बना दिया है। गली-पड़ोस का दिया हुआ नहीं खाती मैं! किसकी मजाल है, जो मेरे बच्चों को पीटे।

नीता–ये लौंडे हमारी दीवार पर गन्दी-गन्दी बातें लिखते हैं मम्मी!

मम्मी–जो न हो जाये सब कम है इस मुहल्ले में *(रुककर)* इतने दिनों तक जयपुर में रही, मजाल क्या बच्चे कभी रोये हों, या मुझे तेज़ बोलना पड़ा हो। लेकिन यहाँ मैं चीख़-चीख़कर पागल हो जाऊँगी।

नीता–कैसा घूर रहा है बैठा-बैठा यह बहादुर।

मम्मी–मैं ख़ूब जानती हूँ यहाँ रहने का नतीजा। आने दो प्रोफ़ेसर सतसंगी को। वह रहें अकेले यहाँ। यही बड़ी प्यारी थी इस टुटपुँजिये कालेज की नौकरी जो जयपुर के इतने शानदार कालेज को छोड़कर इस गन्दे क़स्बे में आये।

अजय–*(बीच ही में मुँह बनाकर)* मम्मी, मैं चुपचाप दौड़ रहा था। बहादुर ने पीछे से लंगी मारकर मुझे गिरा दिया।

नीता–और अभी इसने ऊपर से मारा भी।

मम्मी–*(आवेश में)* क्यों रे बहादुर! इधर तो आ। क्यों मारा तूने अजय को?

बहादुर–इसने थूका जो है मेरे ऊपर!

अजय, नीता–*(एक स्वर में)* नहीं, नहीं, झूठ है मम्मी, बिल्कुल झूठ।

अजय–मम्मी! यह बड़ा चार सौ बीस है।

मम्मी–चुप रह अजय!...क्यों बहादुर? तूने अजय को लंगी मारकर क्यों गिराया?

बहादुर–*(गुस्से में)* बताऊँ सारे लड़कों को!

अजय–मम्मी! यहाँ के सब लड़के झुट्ठे हैं।

नीता–सब एक ही थैली के चट्टे-बट्टे हैं। एक गिरोह है इनका, मम्मी!

बहादुर–बस, देवता तो तुम्हीं लोग हो।

मम्मी–*(डाँट के स्वर में)* चुप रह! तमीज़ से बातें करना सीख!

(तभी अपने दरवाज़े से ठकुराइन का प्रवेश, आँचल में गीले हाथ पोंछती हुई।)

ठकुराइन–क्या है रे बहादुर! चल, घर चल।

मम्मी–*(जैसे अपने आप से)* क़िस्मत फूट गयी यहाँ आकर। दुनिया में बहुत लड़के हैं, लेकिन यहाँ के सबसे निराले हैं। बाप रे बाप, इतनी बुरी-बुरी आदतें! उफ! मैं तो थक गयी।

ठकुराइन–हमारी वजह से?

मम्मी–पता नहीं कैसे लोग हैं यहाँ के! कैसी तहज़ीब है उनकी, और उनके बच्चों की।

बहादुर–(सहसा) बस सिर्फ़ आप ही लोग लाट साहब के नाती हैं।

ठकुराइन–*(ग़ुस्से से झिटककर)* चुप...चुप रहता है कि नहीं। लड़ने के लिए खड़ा है? मैं कहूँ कि क्या बात है, मैं तो चौके में थी! *(हँस पड़ती हैं)* क्यों रे बहादुर! तू क्यों खेलता है मम्मी के बच्चे के संग?

बहादुर–कौन जाता है बुलाने इनके बच्चों को। अजय, विजय, नीता, गीता सब तो अपने-आप घुस आते हैं हममें!

मम्मी–(ग़ुस्से में) तुम्हारा मतलब है कि मैं अपने दरवाज़े पर बच्चों को न टहलने दूँ।

(गली में मुंशी आते दीख पड़ते हैं।)

ठकुराइन–अरे...रे...सुनो तो बहू!

मुंशीजी–(आकर) हे ठकुराइन, पहले मेरी बात तो सुनो जी!

(ठकुराइन माथा ढँककर दरवाज़े पर खड़ी होती हैं) अजय की मम्मी, तुम भी सुनो!–जे बात यह है कि इस गली के सारे लड़के तो यहाँ खेल ही नहीं रहे थे। वहाँ बाग में खेल रहे थे, इमली के नीचे और आपके बच्चे ख़ुद वहाँ गये।

मम्मी–*(ताव में)* जी, आपसे कौन पूछ रहा है? औरतों के बीच में ख़ामख़ाह बोलने वाले आप कौन होते हैं? जब यहाँ के मर्दों को इतनी तमीज़ नहीं तो ये बच्चे क्यों न ऐसे हों?

मुंशीजी–अरे...जा जा! बड़ी तमीज़दार आयी है! नयी नाइन, बाँस का नाहना!

मम्मी–चलो घर में चलो, देखूँगी मैं, हाँ!

(बच्चों सहित प्रस्थान। भीतर से दरवाजा बन्द होता है।)

मुंशीजी–बड़ी देखी साहबी खूनवालों की! '...सुनो बहादुर की माँ। इनसे जरा दबा न करो बहू। जरा भी दबीं तो ये हावी हो जायेंगे, हाँ।

ठकुराइन–*(हँसती है)* बड़ा गुस्सा है मम्मी को। लेकिन जितना यह गुस्सा-झुँझलाहट ऊपर से है, उतना भीतर से नहीं हैं मंशीजी!

मुंशी–तो भीतर से तो गऊ हैं?

ठकुराइन–*(हँसकर)* हाँ, बच्चों को लेकर जब यह बोलने लगती हैं तो सच मैं घबड़ा जाती हूँ। गली-मुहल्ले के, घर-घर के बच्चे हैं, आपस में खेलते हैं, गिरते-रोते हैं, चुप हो जाते हैं। पर उनके माँ-बाप कभी कोई बात कान पर नहीं लेते!

बहादुर–*(ताव में)* अपने बच्चों को घर में क्यों नहीं बन्द रखतीं?

ठकुराइन–चुप रह रे! तूफान करेगा क्या?...जा भाग यहाँ से...। चल अन्दर।

बहादुर–क्यों जाऊँ? मैं नहीं जाता, अपने दरवाज़े से!

ठकुराइन–मैं कहती हूँ अन्दर जा न!

बहादुर–मैं नहीं जाता! किसी के बाप का डर पड़ा है कि मैं यहाँ से भागूँ। नहीं जाता...!

ठकुराइन–तेरा नाश्ता ठण्डा हो रहा है रे!

(ठकुराइन को हँसी आ जाती है, तब बहादुर भीतर जाता है।)

मुंशी जी–ठीक ही कहता है। आख़िर अपने घर से भागकर कहाँ जाये?

शिव...शिव...! तुम तो घर में रहती हो बहू, मैं सारा दिन अपनी बैठक से देखता रहता हूँ...! हाय...हाय...अजय...विजय, गीता...नीता। बच्चे हैं कि तुर्कों की फ़ौज है।

ठकुराइन–ज़रा धीरे बोलो मुंशीजी!...नहीं तो अजय की मम्मी...

मुंशीजी–ठकुराइन! यह मम्मी क्या बला है?

ठकुराइन–बच्चे माँ को मम्मी कहते हैं और प्रोफ़ेसर साहब को पापा कहते हैं।

मुंशीजी–*(हँसी आ जाती है)* पापा और मम्मी! राजा कहें किस्सा, रानी खाँ मूँगफली।

ठकुराइन–प्रोफ़ेसर साहब आ रहे हैं मुंशीजी!

(ठकुराइन दरवाज़े में चली जाती हैं, मुंशीजी थैली में से बीड़ी निकाल कर दागने लगते हैं। प्रोफ़ेसर सतसंगी अपने घर के दरवाज़े पर दस्तक देते हैं।)

प्रोफ़ेसर–बेबी...बेबी...अजय...ओ नीता!

(बन्द किवाड़ें खुलती हैं, नीता दिखाई पड़ती है।)

प्रोफ़ेसर–अरे! इस उमस में तुम लोग इस तरह कमरा बन्द करके पड़े हो?

नीता–लगता है आज आँधी आयेगी पापा!

प्रोफ़ेसर–मम्मी कहाँ हैं?

नीता–उन्हें बहुत ज़ोर का सिर दर्द हो रहा है।

प्रोफ़ेसर–अरे!

(नीता के संग भीतर प्रवेश)

मुंशीजी–बहू! सुना है, मम्मी जी की छोटी बहिन आयी हैं?

ठकुराइन–हाँ, आयी तो हैं।

मुंशीजी–वह तो शायद बड़े एख़लाक़ की हैं, पर्दे में रहती हैं, इनकी तरह डगर-डगर नहीं घूमतीं।

ठकुराइन–बच्चा होने वाला है, कमज़ोर बहुत है; डाक्टरनी ने बहुत चलना-फिरना मना किया है।

मुंशीजी–ओ हो! जभी वह मिडवाइफ़ बहुत चक्कर लगाती है।

ठकुराइन–कितनी उमस है आज! परसों की तरह फिर तूफ़ान आयेगा क्या?

मुंशीजी–आँधी आयेगी, बहू!

ठकुराइन–पानी भी बरसेगा, ऐसा लगता है।

(अपने दरवाज़े से निकलकर मम्मी बड़ी तेज़ी से बाहर मुड़ती है, क्षण बाद प्रोफ़ेसर सतसंगी जैसे मम्मी का पीछा करते हुए आते हैं। ठकुराइन अन्दर चली जाती हैं, मुंशीजी गली में मुड़ जाते हैं।)

प्रोफ़ेसर–*(पुकारते आते हैं)* सुनते हो. अजी सुनों, अजय की माँ! '...।

(भीतर से अजय और नीता का प्रवेश)

प्रोफ़ेसर–*(बिगड़कर)* तुम्हारी मौसीजी के पास कौन है? चलो अन्दर। नीता, तुम जाओ...जाओ मौसी जी के पास रहो। *(रुककर)* अजय, देखो तुम्हारी मम्मी कहाँ गयी?

अजय–पापा, मुझे बहादुर ने मारा है।

नीता–और उल्टे बहादुर की माँ मम्मी से लड़ने को आमादा थीं।

अजय–पापा, वह जो खूसट बुड्ढा, मुंशी है न! वह भी लड़ने लगा उन्हीं की ओर से।

प्रोफ़ेसर–*(झल्लाते हुए)* अच्छा...अच्छा! जाओ, तुम मम्मी को देखो।

अजय–पापा, लड़के हम लोगों को तंग करते हैं। बुरी-बुरी बातें करते हैं।

गन्दी-गन्दी आदतें सिखाते हैं।

प्रोफ़ेसर–मैं कहता हूँ, पहले मम्मी को जाकर देखो।...नीता, तुम मौसी के पास क्यों नहीं जातीं?

(नीता भीतर लौट जाती है।)

प्रोफ़ेसर–अजय, जाओ मम्मी को देखो!

(उसी क्षण मम्मी प्रविष्ट होती हैं।)

मम्मी–क्या करोगे मम्मी का? मम्मी तो ख़ुद पागल हो गयी!

प्रोफ़ेसर–सुनो तो!

(मम्मी के सामने खड़े हो जाते हैं।)

प्रोफ़ेसर–बहादुर ने आज फिर बच्चों को पीटा है?...उसकी माँ तुमसे लड़ रही थी?

मम्मी–मेरा सिर न चाटो! उन्हीं से पूछो जाकर।

प्रोफ़ेसर–आख़िर बात क्या हुई? मैं भी तो जानूँ।

मम्मी–हट जाओ मेरे सामने से! दर्द के मारे मेरा सर यूँ ही फट रहा

प्रोफ़ेसर–'इक्जरशन' पड़ गया तुम पर लगता है!

(मम्मी ग़ुस्से में तनी भीतर चली जाती हैं।)

अजय–पापा, मम्मी मौसीजी के लिए भभूत लेने गयी थीं। बहरैइची जमादार है न पापा।

प्रोफ़ेसर–हाँ...हाँ!

(तभी अपने दरवाज़े से बहादुर निकलता है।)

प्रोफ़ेसर–क्यों जी बहादुर! तुमने आज फिर अजय को पीटा है?

बहादुर–मैं नहीं बोलता आप लोगों से। जाइए जो करना है] कर लीजिए मेरा।

प्रोफ़ेसर–तमीज़ से बातें करना सीखो।

मम्मी–*(भीतर से निकलती हुई)* उस पर क्यों लाल-पीले होते हो? अपना सर क्यों नहीं पीटते, जो यहाँ आ बसे। तुम्हें तो ठाठ से कालेज की नौकरी करनी है न। मरना तो मुझको है सड़े मुहल्ले में! गली में आ ऐसे बसे हैं, जैसे और कहीं कोई ठिकाना न था।

प्रोफ़ेसर–पर डियर, मेरी बात तो सुनो!

मम्मी–तुम रहो यहाँ, मैं कल ही बच्चों को लेकर मेरठ चली जाऊँगी। जब तक वहाँ मेरे माँ-बाप हैं, समझँगी कि तब तक...।

प्रोफ़ेसर–मैं अभी पूछता हूँ बहादुर की माँ से! इन्हें पता नहीं कि हमारी पोज़ीशन क्या है।

मम्मी–खूब जानते हैं हमारी पोज़ीशन। जिस दिन तुमने मुझे यहाँ ला बसा दिया, उसी वक़्त हमारी पोज़ीशन ज़ाहिर हो गयी। सारी आदतें बच्चों की ख़राब हो गयीं। गन्दगी पसन्द हो गये बच्चे। सदा रोनी सूरतें बनाकर घूमने लगे। पढ़ने-लिखने से जी चुराने लगे। *(रुककर)* जयपुर से आज यहाँ कोई हमसे मिलने आये तो वह इन बच्चों को पहचान नहीं सकता कि ये वही बच्चे हैं। *(रो पड़ती हैं)* मेरी क़िस्मत फूट गयी!

प्रोफ़ेसर–*(बिगड़ जाते हैं)* क्या समझ रखा है इन लोगों ने हमें। क्यों बहादुर!... चलो, इधर तो आओ...सुनो मेरी बात।

बहादुर–सुन तो रहा हूँ!

(एकाएक भीतर से ठकुराइन निकलती हैं।)

ठकुराइन–यहाँ क्यों खड़ा है, बहादुर...

बहादुर–फिर कहाँ जाऊँ? कोई डर पड़ा है इन लोगों का क्या? क्यों जाऊँ मैं यहाँ से। यह मेरा दरवाजा है, किसी के बाप का साझा नहीं है इसमें।

(ठकुराइन बहादुर के सिर पर तमाचा मार देती है।)

ठकुराइन–फिर बोलेगा? मारते-मारते तेरी...।

बहादुर–*(क्रोध में)* बोलूँगा...बोलूँगा...हज़ार बार बोलूँगा, हाँ!

ठकुराइन–लगता है, इन लोगों के मारे घर ही छोड़ना पड़ेगा। जैसे दुनिया में इन्हीं के बाल-बच्चे हैं। यही शरीफ़ हैं; इन्हीं को सारी तमीज़ है जो बीवी की ओर से लड़ने आये हैं।

प्रोफ़ेसर–सुनो जी ठकुराइन! हमें तुम लोगों की तरह लड़ने की आदत नहीं। मैं सिर्फ़ यह कहना चाहता हूँ कि अपने बच्चों को समझा दो और ख़ुद समझ लो कि हमें तुम लोगों से कोई सरोकार नहीं।

ठकुराइन–कौन रखता है सरोकार! दरवाज़े के सामने तुम्हारा घर न पड़ता तो मैं उधर ताकती तक नहीं। जितनी ही इनकी इज़्ज़त करो, उतनी ही...

(गली में से मुंशीजी निकलते हैं।)

मुंशीजी–मैंने तो पहले ही कहा था बहू तुमसे!

प्रोफ़ेसर–जी तुम कौन हो बीच में बोलने वाले?

मुंशीजी–जी मैं एक आदमी हूँ।

मम्मी–लेकिन आसार नहीं हैं आदमी के!

मुंशीजी–अजी, औरत के तो आसार हैं कि वह भी नहीं।

प्रोफ़ेसर–यही है तुम्हारी तमीज़?

मुंशीजी–क्या?...सुनो, मास्टर साहब। जरा कायदे से पेश आया करो मुझसे, वरना ताले लगवा दूंगा घर में, हाँ! मैं टिकट बाबू नहीं!

प्रोफ़ेसर–तेरी यह मजाल!

(गली में खन्ना बाबू का प्रवेश)

खन्ना–*(पेट पर हाथ फेरते हुए, यह इनकी आदत है, और साथ ही साथ हँसते भी रहते हैं)* क्या है मुंशीजी? जैरामजी की प्रोफ़ेसर साहब?

मम्मी–इन्हें देखकर तो मेरा सिर और फटने लगा।

(मम्मी भीतर चली जाती हैं।)

खन्ना–हम लोगों की सूरत ही ऐसी है, क्या बतायें, मुंशीजी! *(रुक-कर)* क्या बात है, मास्टर साहब?

प्रोफ़ेसर–आपसे मतलब?

खन्ना–क्यों नहीं, मास्टर साहब! हम पड़ोसी जो हैं!...मुंशीजी, बहादुर, ज़रा अदब-लिहाज़ रखा करो मास्टर साहब के घर का! बड़े भाग्य से तो यह हमारे मुहल्ले में आये।

प्रोफ़ेसर–बको मत! मैं सबकी शरारतें समझता हूँ। मैं अभी जाता हूँ चेयरमैन साहब के पास। अजय, ज़रा मेरी छड़ी और टार्च तो लाना! *(अजय का प्रस्थान)* क्या समझ रखा है इन लोगों ने?

खन्ना–हम तो मास्टर साहब, आपकी बड़ी इज़्ज़त करते हैं...इलिम क़सम। पूछ लीजिए मुहल्ले भर में। यक़ीन न हो तो मेरी बीवी से लीजिए।

प्रोफ़ेसर–तुम लोगों की यह मजाल। सारी दुपहरी तुम लोग हमारे घर का मज़ाक बनाते हो!...कोई कहता है, मास्टर साहब ने प्रेम-विवाह किया है। कोई कहता है, मास्टर ससुर के रुपये से पढ़े हैं। कोई कहता है, मैंने अपने माँ-बाप को छोड़ दिया है। कोई कहता है, रात को मुझे नींद नहीं आती और मैं शराब पीता हूँ।

मुंशीजी–नहीं जी, मैं तो जानता हूँ आप शायरी करते हैं।

खन्ना–बुरी बात है, मुंशीजी!

(उस समय एक ओर से चौधरी क़यामत हुसेन आते हैं।)

चौधरी–*(आते-आते)* राम...राम...! क्या जानें ये लोग किसी पढ़े-लिखे विदवान को! क्या जानें कदरदानी?

खन्ना–चौधरी, मूँगफली के क्या भाव हैं?

चौधरी–मुहल्ले के लोग तो बस सदा दूसरों के लिए ऐसे ही कहते हैं। कहीं कुछ मिल जाये, ढूँढ़ते ही रहते हैं।

प्रोफ़ेसर–*(पुकारकर)* अजय! क्या करने लगा भीतर?

अजय–*(छड़ी-टार्च लिये दौड़ा आता है)* लीजिए, पापाजी।

प्रोफ़ेसर–मैं जानता हूँ ऐसे लोगों की दवा। *(जाते-जाते)* अजय, अन्दर चलो, मैं अभी आया।

(प्रस्थान, अजय भीतर चला जाता है।)

चौधरी–तभी तो कोई शरीफ इस मुहल्ले में टिक नहीं पाता।

मुंशीजी–अजी, बडे शरीफ़ के शहजादे देखे। तुम क्या जानो चौधरी क़यामत हुसेन! तुम तो दिन-रात तम्बाकू की दूकान पर बैठे रहते हो! ये लोग जब से यहाँ आये हैं, हमारी गली गन्दी हो गयी।

खन्ना–चुप...चुप...चुप! अरे मम्मी की छोटी बहन आयी हैं, क्या कहेंगी?

चौधरी–कौन समझाये मुंशीजी को! अरे मुहल्ले में एक पढ़ा-लिखा विद्वान है तो यहाँ रोशनी है, वरना अँधेरा है।

मुंशीजी–भइया, ले जाओ यह चिराग़ अपनी दुकान पर!...मार के गली गन्दी कर दी इन लोगों ने।

खन्ना–इतने-इतने मुर्गी के अण्डे। जहाँ देखो वहीं अण्डों के छिलके।

मुंशीजी–अजी, इन लोगों की वजह से गली के कुछ लौंडे भी अण्डा खाने लगे।

खन्ना–और वह गोश्तवाला! जो यहाँ भरी खँचिया लिये आने लगा। हद हो गयी, कभी नहीं हुआ था ऐसा यहाँ।

ठकुराइन–जो अब तक किवाड़ के पास खड़ी थी, बढ़कर और वह रोज़ ठीक मेरे दरवाज़े के सामने खँचिया खोलकर बैठता है।

मुंशीजी–छी-छी-छी! कभी नहीं हुआ ऐसा मजाल क्या कभी चिकवा-कसाई यहाँ आया हो।

ठकुराइन–एक-एक बोटी गोश्त के लिए बच्चे लड़ते हैं आपस में, बाहर ला-लाकर खाते हैं।

खन्ना–और ये जो कुत्ते-बिल्लियाँ हैं, पूछो न इनकी, गोश्त की हड्डियों को इधर-उधर बिखेरते रहते हैं नालायक़।

ठकुराइन–और कौए जो हैं, एक दिन भगतिन बुआ के आँगन में हड्डियाँ गिरा आये। दो दिनों तक उपवास किया उन्होंने।

मुंशीजी–सुना चौधरी क़यामत हुसेन!

चौधरी–अजी छोटी-छोटी बातों का क्या झगड़ा। शरीफ़ आदमी के लिए कुछ सह लेना बुरी बात थोड़े ही है।

ठकुराइन–देखो क्या बम्ब लेकर आते हैं मास्टर साहब! चेयरमैन साहब के यहाँ फ़रियाद लेकर गये हैं।

मुंशीजी–अजी बहू, रखो फ़रियाद। जैसे मास्टर साहब, उससे दूना चेयरमैन साहब। वह देखो न गली की म्युनिस्पल लाइट। ससुरी जैसे सदा बुझी रहती है। सारा तेल बेच खाते हैं। सब शराबी-कबाबी। ऊपर से राम-राम, भीतर से कसाई का काम। *(रुककर)* चेयरमैन साहब ने ही तो मास्टर साहब को यहाँ ला बसाया है।

ठकुराइन–चेयरमैन साहब का घर है, जिसे चाहें उसे बसायें।

मुंशीजी–अजी बहू, तू का जाने है! यह घर था अनोखेलाल पटवर्धन-दास के भतीजे गोवर्धनदास के लड़के मिठाईलाल का। उस बेचारे को चुंगी के एक मुक़दमे में फाँसकर चेयरमैन साहब ने इस मकान को अपनी रखैल औरत के नाम लिखा लिया।

खन्ना–म्युनिस्पैलिटी ज़िन्दाबाद। तभी तो मैं कहूँ कि चेयरमैन साहब के इतने घर क्यों हैं? हर सड़क, हर गली में चेयरमैन साहब का घर। कहीं लौंडों के नाम, कहीं बहुओं के नाम।

मुंशीजी–और कहीं रखेलों के नाम!

बहादुर–*(जो अब तक चारपाई पर चुपचाप बैठा था)*। ज़रा धीरे–धीरे बोलो बाबा!

खन्ना–अबे दरवाजा तो बन्द है मास्टर साहब का!

बहादुर–*(उठकर जैसे दिखाता हुआ)* लेकिन सब खिड़कियों में छिपे बैठे हैं। नीता दरवाज़े में खड़ी होगी।

ठकुराइन–सब के सब चेयरमैन साहब के यहाँ पहुँच जाते हैं।

मुंशीजी–अजी, कौन परवाह करता है! आकर खड़े न हो जाये चेयरमैन साहब, सात पुश्त की हुलिया जानता हूँ; उधेड़ कर दूँगा।

चौधरी–लेकिन फ़ायदा क्या इन बातों से! ज़रा मुहब्बत से काम लो न।

(गली की ओर जाने लगते हैं।)

खन्ना–चले चौधरी क़यामत हुसेन?

चौधरी– हाँ भाई, पता नहीं क्यों, कमर में दर्द हो रहा है।

(प्रस्थान)

खन्ना–अरे! मास्टर साहब तो लौटे आ रहे हैं।...वह आ गये।

मुंशीजी–चेयरमैन साहब भी संग हैं?

खन्ना–अजी, वह क्या आयेगा, कहीं पिये पड़ा होगा।

(प्रोफ़ेसर सतसंगी का प्रवेश)

प्रोफ़ेसर–घबड़ाओ नहीं, कल होगा इसका फैसला ।

खन्ना–चेयरमैन साहब मुक़दमे के सिलसिले में कहीं बाहर गये होंगे

(प्रोफ़ेसर साहब घर में जाते हैं।)

प्रोफ़ेसर–*(तुरन्त भीतर से आवाज़ आती है)* तुम लोग खिड़कियों पर क्यों बैठते हो? पलंग पर बैठो, कुर्सियों पर बैठो...यह क्या तमाशा है।

(अजय प्रोफ़ेसर का हाथ पकड़े बाहर आता है ।)

अजय–पापा! वह देखिए, जो खड़े हैं न! वे सब कह रहे थे कि हम लोग मास्टर साहब को पीटेंगे।

नीता–*(सहसा बाहर निकलकर)* बहादुर की माँ गाली बक रही थी।

प्रोफ़ेसर–क्यों? तुम लोग गाली दे रहे थे? क्यों बहादुर की माँ! मैं एक-एक को हथकड़ी पहनवा के छोड़ूँगा, हाँ!

ठकुराइन–सुनो! देखो न मुंशीजी, सुना खन्ना बाबू! यह है पानी में आग।

मुंशीजी–ग़ज़ब के छोकड़े हैं, भइया!

खन्ना–कमाल है।

बहादुर–झुट्ठे कहीं के।

(तेज़ी से मम्मी का प्रवेश)

मम्मी–किन देहातियों के मुँह लगे हो? चलो अन्दर चलो।

प्रोफ़ेसर–चलो, आता हूँ

मम्मी–चलो, सरला बुला रही है। तबीयत ठीक नहीं है उसकी।

(प्रोफ़ेसर अजय और मम्मी का प्रस्थान)

मुंशीजी–यह सरला कौन?

खन्ना–मास्टर साहब की सालो। बच्चा होने वाला है।

मुंशीजी–ओ हो!...अच्छा चलूँगा] बहू!

(गली में बढ़कर एक ओर मुड़ जाते हैं।)

खन्ना–टिकट बाबू अब तक नहीं आये, एक घण्टा रात बीत गयी होगी।

ठकुराइन–आज पता नहीं कहाँ देर कर दी, आ जाना चाहिए था अब तक।

खन्ना–आओ बहादुर, चलो हमारे घर चलो।

ठकुराइन–हाँ, ले जाओ इसे!

(खन्ना के संग बहादुर जाता है। गली सूनी हो जाती है, ठकुराइन भीतर चली जाती हैं। कुछ क्षणों बाद गली से एक मूँगफली बेचने वाला निकलता है। बाहर से टिकट बाबू जाते हैं, और सीधे अपने घर में जाने लगते हैं।)

मूँगफलीवाला–जैरामजी की टिकट बाबू!

टिकट बाबू–जैराम...जैरान!

(टिकट बाबू का प्रस्थान)

मूँगफलीवाला–*(आवाज़ देने लगता है।)* ताज़ी की मूँगफली। चिनियाँ बादाम, जाड़े का मेवा है। खरी भूंजी मूँगफली है। चार आने है। बालू की भुनी है। ताज़ी मूँगफली है।

(भीतर से दौड़ता हुआ अजय निकलता है।)

अजय–मूँगफलीवाले! चलो इधर आओ।...'बड़े बत्तमीज़ हो, जल्दी क्यों नहीं आते?

मूँगफलीवाला–लीजिए हजूर आ गया, बिगड़िए नहीं। अभी बहुत कम उमर है आपकी। बहुत गुस्सा करने से ज़ुकाम हो जावेगा।

अजय–बात मत करो!

मूँगफलीवाला–*(मूँगफली देता हुआ)*। जल्दी कीजिए जल्दी...पैसे दीजिए पैसे, तूफ़ान आने वाला है, आँधी और पानी...।

(पैसा लेकर चल देता है, उसकी आवाज़ अभी गली में सुनाई पड़ रही है। अजय अपने घर में जाकर भीतर से दरवाज़ा बन्द कर लेता है। कुछ क्षणों बाद अपने दरवाज़े से टिकट बाबू का प्रवेश।)

टिकट बाबू–*(आवेश में)* कौन है वह शरीफ़ज़ादा! ज़रा बाहर आकर मुझे अपना मुँह तो दिखाये। यह दूध का धुला घर में क्यों बैठा है?

(बन्द दरवाज़े की साँकल बजाते हैं।)

टिकट बाबू–तहज़ीब के पिल्ले! घर में से निकलता क्यों नहीं? निकल घर में से। मँगवा हथकड़ी-बेड़ी हमारे लिए!

(दरवाज़ा खुलता है, प्रोफ़ेसर का प्रवेश)

प्रोफ़ेसर–*(निकलकर)* क्यों हद किए डाल रहे हैं आप? आख़िर आपकी मंशा क्या है?

टिकट बाबू–मैं तुम्हारे हाथ से हथकड़ी पहनने आया हूँ।

प्रोफ़ेसर–कुछ ध्यान रखकर बातें किया करो। अजय की मौसी आयी हुई है, उसकी तबीयत ख़राब है। क्या कहेंगी वह? हमारी न सही, मेहमान की तो इज़्ज़त करो।

टिकट बाबू–मेरी बात का जवाब दो पहले, बीच में मेहमान को मत लाओ। *(रुककर)* दुनिया के शरीफ़ज़ादे तुम्हारे बीवी-बच्चे हैं? तुम्हारे ही बीवी-बच्चे तुम्हें प्यारे हैं, मेरे नहीं क्या?

प्रोफ़ेसर–भाई, यह कौन कह रहा है?

टिकट बाबू–ट्यूशन करके जो धुलाये घूमते हो, जरा टीमटाम से रह लेते हो, चार-छः रकाबी-प्लेट्स हैं तुम्हारे पास, इसीलिए तुम बड़े शरीफ़ज़ादे हो गये? *(रुककर)* मेरे दरवाज़े के सामने खुले मैदान में तुम लोग मच्छरदानी लगाकर सोते हो...और हम परदे में रहते हैं, तभी हम गन्दे हैं, तुम शरीफ हो? हम नाख्वांदा हैं? बत्तमीज़ हैं!

(भीतर से ठकुराइन का प्रवेश)

ठकुराइन–अच्छा...अच्छा चलो। बहुत हो गया।...मास्टर बाबू, जाओ अपने घर में।

प्रोफ़ेसर–तुम जैसे लोगों से बात करना भी गुनाह है।

(प्रोफ़ेसर अन्दर चले जाते हैं।)

टिकट बाबू रहना हो तो मुहल्ले में क़ायदे से रहो, वरना रास्ते न बन्द कर दूं तो ठाकुर छैलबिहारी सिंह नाम नहीं।

ठकुराइन–अच्छा, अब चुप रहो।

(गली में मुंशीजी आते हुए दिखाई देते हैं)

मुंशीजी–जैराम जी की, टिकट बाबू!

टिकट बाबू–राम-राम मुंशीजी! (रुककर) बड़े तहज़ीबदार बनके आये हैं।

मुंशीजी–तहज़ीबदार ही नहीं ठाकुर साहब, अप टू डेट. शरीफ़।

(गली में से खन्ना बाबू और बहादुर का प्रवेश)

खन्ना–बड़ा शोरगुल मचा टिकट बाबू!...अरे अन्दर चलकर बैठो। आँधी-पानी आने वाला है। चलो भीतर बैठें न!

टिकट बाबू–अजी अब मैं यहीं बाहर ही रहा करूँगा। सोना खाना सब यहीं करूँगा।

(सब हँस पड़ते हैं।)

मुंशीजी–जी हाँ, तभी तो हम लोग तहज़ीबदार कहलायेंगे।

खन्ना–तहज़ीबदार ही नहीं...अप टू डेट, शरीफ़!

मुंशीजी–बच्चों से कह बहू, तुम लोगों को भी वे पापा और मम्मी कहा करें। क्यों रे बहादुर?

(बहादुर भागकर भीतर चला जाता है।)

खन्ना–क्या कमाई करते हो टिकट बाबू! अरे घर में दो-चार कप-प्याले, काँटे-छुरी-चम्मच तो रख दो अब!

टिकट बाबू–मार सारे मुहल्ले का सत्यानास कर दिया।

मुंशीजी–मम्मी जी बी.ए. पास हैं।

खन्ना–अजी मुंशीजी, तुम्हें क्या पता! एम.ए. का पहला साल भी पास किया है।

मुंशीजी–चाहे जो पास हों, मुहल्ले की कुछ लड़कियाँ इनकी देखा-देखी उल्टे पल्ले की साड़ियाँ ज़रूर पहनने लगीं।

खन्ना–और फिल्मी गाने जो गाने लगीं। मास्टर साहब का तो सिलोन रेडियो है जी।

ठकुराइन–अच्छा चलो अब अपने-अपने घर। आसमान की तरफ़ तो देखो।

खन्ना–आय हाय...आँधी-पानी! क्या बज रहे हैं टिकट बाबू?

टिकट बाबू–पौने नौ के क़रीब हो रहे हैं।

(भीतर से प्रोफ़ेसर साहब निकलते हैं।)

प्रोफ़ेसर–आप लोगों से प्रार्थना है कि आप यहाँ शोर न करें, अजय की मौसी की तबीयत अच्छी नहीं है।

(प्रोफ़ेसर साहब अपने घर में जाते हैं।)

खन्ना–मुंशीजी, चलो चलें! नहीं अभी मम्मी निकलेंगी!

मुंशीजी–अजी बहुत देखी हैं...।

(खन्ना के संग गली में प्रस्थान, टिकट बाबू के संग ठकुराइन का अपने घर में जाना। क्षण भर बाद गली में दही-रबड़ीवाले की आवाज़ उठती है। अजय तेजी से अपने दरवाज़े से निकलता है।)

अजय–(आवाज़ देता है) दही-रबड़ीवाले! चलो इधर आओ।

(नीता भी निकलती है।)

नीता–मम्मी? मैं भी लूँगी रबड़ी।

अजय–पापाजी, मैं यही लूँगा।

नीता–क्यों शोर करते हो? तुमने तो सुबह दही-बड़ा खरीदा था।

प्रोफ़ेसर–*(तेजी से निकलकर)* मत शोर करो। शरम नहीं आती तुम लोगों को, तुम्हारी मौसी की तबीयत खराब है और तुम लोग...

नीता–पापा, यही अजय शोर करता है।

अजय–मैं दही लूँगा पापाजी!

मम्मी–*(प्रवेश कर)* हाय, कितने भुक्खड़ हो गये मेरे बच्चे यहाँ आकर। जयपुर में थे, बाज़ार की चीज़ का नाम तक नहीं लेते थे। कभी जानते भी न थे कि ये खोंचेवाले, फेरीवाले क्या होते हैं।

प्रोफ़ेसर–यहाँ तो उनकी आवाज़ सुनते ही चीख़ने लगते हैं, जैसे कभी कुछ खाया पिया ही नहीं।

मम्मी–क्या कहूँ मैं? शाम को तो मैंने इनके लिए गजक और मूँगफली ख़रीद दी थीं! क्यों अजय?...नीता...।

(फिर दही-रबड़ीवाले की आवाज़)

अजय–देखिए मम्मी! बहादुर मुझे मुँह बना-बनाकर चिढ़ा रहा है। मुझे पैसे दो मम्मी! मैं दही लूँगा, हाँ! *(पुकार उठता है)* ओ दही-रबड़ी वाले।

प्रोफ़ेसर–*(ग़ुस्से में अजय को एक चपत देकर)* नालायक़ कहीं के! तुम लोगों को तो बन्द कर दे कहीं; जहाँ हवा-पानी भी न मिले।

(अजय रोता है।)

मम्मी–अभी इस जेलख़ाने में बन्द करने से जी नहीं भरा क्या? हाय मेरी क़िस्मत फूट गयी। *(अजय को चिपका लेती है)* रोओ नहीं, बेटे! तुम्हारी मौसी की तबीयत ठीक होते ही हम लोग यहाँ से मेरठ चले जायेंगे। करें अपना राज्य वह अकेले यहाँ!

प्रोफ़ेसर–चली जाओ न मेरठ!

मम्मी–अच्छा लड़ो नहीं मुझसे!

(फिर गली में दही-रबड़ीवाले की आवाज़)

प्रोफ़ेसर–*(ग़ुस्से से बढ़कर)* सुनो जी दही-रबड़ीवाले! मत आया करो इधर! कोई अक़ल न तमीज! रात के नौ बज रहे हैं, इस समय यह यहाँ पों-पों करने चले हैं। *(डाँटते हुए)* चलो जाओ यहाँ से अगर अपनी ख़ैरियत चाहो।

(दही-रबड़ीवाले की आवाज़ गली मे दूर चली जाती है।)

प्रोफ़ेसर–ख़बरदार...अब कभी जो इधर आया!

अजय–मम्मी दही-रबड़ी! *(मचलकर रोता है)* दही, रबड़ी!

(आँधी आ जाती है; एक ओर से मूँगफलीवाला तेज़ी से भागता हुआ गली में जाने लगता है।)

मूँगफलीवाला–*(आवाज़ देता हुआ)* आँधी...पानी..! आ गयी आँधी! (प्रस्थान)

(प्रोफ़ेसर साहब का परिवार भीतर भागता है। भीतर से दरवाज़ा बंद होता है। आँधी के संग तेज़ वर्षा। ठकुराइन तेज़ी से आकर अपने दरवाज़े की चारपाइयों को भीतर ले जाती हैं! कुछ क्षणों बाद अपने दरवाज़े से मम्मी निकलती हैं। इधर-उधर देखती हैं और एकाएक दौड़कर ठकुराइन के दरवाज़े पर आती हैं।)

मम्मी–ठकुराइन! ओ जी ठकुराइन! बहादुर की माँ!

(ठकुराइन का प्रवेश)

ठकुराइन–क्या है, बहू?

मम्मी–ज़रा चलकर सँभाल लो, अजय की मौसी की तबीयत बहुत खराब हो रही है।

ठकुराइन–हाँ...हाँ...चलो!

(भीतर से टिकट बाबू की आवाज़ आती है।)

ठकुराइन–चलो मैं आ रही हूँ, अभी आयी!

(मम्मी का प्रस्थान, ठकुराइन भीतर लौटती है, फिर बाहर निकलकर जैसे ही बढ़ने को होती है, टिकट बाबू का प्रवेश)

टिकट बाबू–कहाँ जा रही हो इस तूफान में?

ठकुराइन–टोक दिया न! बड़ी बुरी आदत है तुम्हारी।

टिकट बाबू–वह तो है ही, लेकिन इस आफ़त में जा कहाँ रही हो?

ठकुराइन–अजय की मौसी की तबीयत बहुत ख़राब हो गयी है। दर्द से बेहोश हो रही है। ज़रा देखने जा रही हूँ।

टिकट बाबू–इसी को गँवार औरत कहते हैं। तभी तो अजय के पापा और मम्मी तुम जैसी औरतों को घास तक नहीं डालते!

ठकुराइन–अजी चुप रहो तुम! तुम मर्दों को क्या मतलब इन बातों से। यह हम लोगों का मामला है।

टिकट बाबू–है तो मामला तुम लोगों का। पर यह न कहना कि अजय की मम्मी ने तुम्हारे सर का बाल नोचा!

ठकुराइन–क्या बकते हो जी। मम्मी एकदम से ख़राब ही हैं क्या? याद है, अपनी शकुन्तला बेटी जब बीमार हो गयी थी। तुम तो ड्यूटी पर बाहर गये थे। रात रात भर मम्मी बैठी रहती थीं शकुन्तला के सिरहाने!

टिकट बाबू–तो जाओ तुम भी बैठो न!

ठकुराइन–मम्मी ख़ुद शकुन्तला को लेकर मुरादाबाद अस्पताल में गयी थीं? तुम्हें क्या पता किसके भीतर क्या है! तुम तो बाहर ही बाहर देखते हो न!

(चली जाती हैं, मम्मी के घर में प्रवेश, टिकट बाबू चुप खड़े रह जाते हैं। क्षण भर बाद ठकुराइन अपने संग अजय, नीता को लिए आती हैं और अपने घर में जाने लगती हैं।)

टिकट बाबू–अब यह क्या है? क्या तूफ़ान है यह

ठकुराइन–चुप रहो जी! *(पुकारती हैं)* शकुन्तला, ओ शकुन्तला!

आवाज़–*(भीतर से)* आयी मम्मी!

ठकुराइन–ले सम्हाल इन बच्चों को!

(बहादुर का प्रवेश)

ठकुराइन–बहादुर! ले जा इन्हें अपने संग भीतर! भूखे हैं, इन्हें खाना खिला, शकुन्तला!

बहादुर–चलो अजय, नीता चलो! एक संग खाना खायेंगे

(बहादुर के संग अजय- नीता का प्रस्थान)

टिकट बाबू–पागल तो नहीं हो गयी हो तुम?

ठकुराइन–पागल होगे तुम! जाओ अन्दर बच्चों को खाना खिलाओ! मैं अभी आयी। पता है? अजय की मौसी को बच्चा होने वाला है! *(हँसती है, फिर जैसे गा पड़ती है)* 'जनमे हैं कुँअर कन्हैया, अवध में बाजे बधैया।'

(दौड़ी हुई अजय के घर में भाग जाती हैं। टिकट बाबू खड़े रह जाते हैं। कुछ क्षणों बाद भीतर से बहादुर दौड़ा आता है।)

बहादुर–बाबूजी...बाबूजी! अजय और नीता को मैंने सारी दही-रबड़ी दे दी... चलिए आप भी रोटी खा लीजिए।

टिकट बाबू–वे लोग खाना खा रहे हैं?

बहादुर–जी हाँ, खाना खा रहे हैं।

टिकट बाबू–जाओ, तुम भी खा लो उनके संग।

(बहादुर अन्दर भाग जाता है। टिकट बाबू फिर अकेले खड़े रह जाते हैं। कुछ देर के उपरान्त हँसती हुई प्रसन्न मन ठकुराइन निकलती हैं।)

ठकुराइन–सुना जी, बच्चा पैदा हुआ है अजय की मौसी के!

टिकट बाबू–अच्छा...!

ठकुराइन–*(पुकारती हुई अपने घर में चली आती हैं)* शकुन्तला! ला तो ढोलक कहाँ है...

(अन्दर से ढोलक लिये भागती हैं और मम्मी के घर में अदृश्य हो जाती हैं। और कुछ क्षणों बाद ढोलकं पर यह गीत उभरता है-)

जनमे हैं कुँअर कन्हैया; अवध में बाजे बधैया।

ऊँचे चढ़िके धगरिन पुकारे

कोई है नार छिनैइया, अवध में बाजे बधैया।

दसरथ के चार बेटा हुए हैं

केकर होला बड़ैइया, अवध में बाजे बधैया।

राम से लछमन, भरत शत्रुघन

रामा के होला बड़ैइया, अवध में बाजे बधैया।

(इसी संगीत पर धीरे-धीरे पर्दा गिरता है।)

दूसरा दृश्य

(फिर वहीं, उसी स्थिति में पर्दा उठता है। रात के नौ बजे का समय है। चारपाई पर सिर झुकाये ठकुराइन बैठी हुई हैं...चुप चिन्तित, जैसे रो रही हों, गली में मुंशीजी आते हैं।)

मुंशीजी–ठकुराइन! बहादुर की माँ!...ओ बहू! क्या बात है, बोलती क्यों नहीं? मम्मी के घर से फिर कुछ हुआ है क्या?...बोलो, क्या बात है? मुझे बताओ न!

(ठकुराइन बिना कुछ बोले चुपचाप अन्दर चली जाती हैं।)

मुंशीजी–अरे! क्या बात हुई? (गली की ओर आवाज़ देते हैं) खन्ना बाबू! ओ जी खन्ना बाबू!

(चौधरी क़यामत हुसेन निकलते हैं।)

चौधरी–किसे पुकार रहे हैं, मुंशीजी?

मुंशीजी–कोई है ही नहीं यहाँ!

चौधरी–खन्ना बाबू सो गये होंगे कि...

मुंशीजी–ठकुराइन चुपचाप यहाँ बैठी थीं। जैसे लगा कि रो रही थीं। मैंने बुलाना चाहा, वह घर में चली गयीं, कुछ बताया नहीं, पता नहीं क्या बात है!

चौधरी–कुछ होगा, मुंशीजी! घर-गृहस्थी है, पता नहीं क्या-क्या, कहाँ-कहाँ होता रहता है!

(आगे बढ़ने लगते हैं।)

मुंशीजी–दुकान जा रहे हो चौधरी?

चौधरी–नहीं, ज़रा स्टेशन की ओर जा रहा!

(प्रस्थान, कुछ क्षणों बाद सामने से टिकट बाबू और बहादुर का प्रवेश, बहादुर भीतर जाता है।)

मुंशीजी–राम-राम, टिकट बाबू!

टिकट बाबू–राम-राम, मुंशीजी!

मुंशीजी–ड्यूटी से लौट आये क्या? क्या बात है, बहादुर?

टिकट बाबू–छुट्टी लेकर आ रहा हूँ, मुंशीजी! बहादुर मुझे बुलाने गया था।

मुंशीजी–बात क्या है? शुभ तो है न?

टिकट बाबू–शुभ तो नहीं है, मुंशीजी! मम्मी की छोटी बहन आई थीं न, अजय की मौसी!

मुंशीजी–जी हाँ, जिन्हें अभी परसों रात को बच्चा पैदा हुआ है।

टिकट बाबू–जी हाँ, आज सुबह उसका स्वर्गवास हो गया।

मुंशीजी–*(दुख से)* च...च...च...च...राम राम...राम! ओ हो बड़ा बुरा हुआ!

(दरवाज़े पर आ ठकुराइन निःशब्द रो रही है।)

टिकट बाबू–बहुत कमज़ोर था बच्चा। अपने पूरे दिन के पहले ही हो गया था। शायद आठ ही महीने में!

मुंशीजी–सब ईश्वर की माया है टिकट बाबू, और कुछ नहीं। जिसे चाहे जिलाये, जिसे चाहे मारे! *(रुककर)* लेकिन यह बहादुर की माँ इस तरह क्यों रो रही है?

टिकट बाबू–कुछ न पूछिए, मुंशीजी! यहाँ तो ग़ज़ब की बात पैदा कर दी लोगों ने!

मुंशीजी–*(आश्चर्य से)* अच्छा! अरे!!

टिकट बाबू–मम्मी का कहना है कि ठकुराइन ने बच्चे पर जादू कर दिया, तभी वह चटपट मर गया। और मास्टर साहब प्रोफ़ेसर सतसंगी का कहना है कि ठकुराइन ने गन्दे हाथों से बच्चे को छुआ था; उसे सेप्टिक या 'टिटनेस' हो गया।

मुंशीजी–आहा...आ...! ग़ज़ब हो गया यह तो!

टिकट बाबू–इस गँवार औरत को यही दण्ड चाहिए! मान न मान मैं तेरा मेहमान! ठीक कहा है–लोमड़ी चली सगुन दिखावै, आपन सर कुत्तन से नोचवावै। (रुककर) खड़ी रोती क्या हो? जाओ और प्रीति दिखा आओ न! मम्मी...मम्मी ...मम्मी बड़ी अच्छी है। ढोलक लेकर और मंगल-सोहरा आओ न!

मुंशीजी–बहू का क्या दोष इसमें, टिकट बाबू!

टिकट बाबू–अब पता लगा कि नहीं कि वे लोग क्या हैं और तुम क्या हो?

ठकुराइन–(रुँधे कण्ठ से) आज मैं जादू-टोना वाली हो गयी?

टिकट बाबू–अरे! प्रीति का कुछ तो दण्ड भोगोगी न!

मुंशीजी–टिकट बाबू! बड़े अजीब हैं ये लोग! बड़ा बुरा हुआ?

टिकट बाबू–इस गँवार औरत की वजह से आज मेरी गर्दन नप गयी, मुंशीजी! बारहा मना किया इसे, लेकिन उस आँधी-तूफ़ान में भी यह न रुकी! सारी रात दौड़ती भागती रही। और अब बैठकर रो रही है। *(चिढ़कर)* जैसे तेरे रोने का असर उन पर पड़ेगा ही। अरे वे आदमी नहीं, नासूर हैं नासूर!

(अपने दरवाज़े से प्रोफ़ेसर का प्रवेश)

प्रोफ़ेसर–क्या कहा! जरा ज़बान सम्हाल कर बोलो! कोई तमीज़ है कि नहीं! हमारे ऊपर इतनी बड़ी आफ़त पड़ी है, और तुम मुझे खरी-खोटी सुनाने खड़े हो!

टिकट बाबू–जी हाँ मास्टर साहब, आप लोगों ने तो हम पर फूल बरसा दिये! हम सीधे हैं, तभी तुम्हारी नजरों में हम गन्दे और बत्तमीज़ हैं। जादू-टोना डालते हैं हम। लेकिन एक बार फिर से सोच लो मास्टर साहब अपनी ज़िन्दगी के बारे में, जो तुम जी रहे, तुम्हारी जिन्दगी नहीं है, नक़ल है, नाटक है, दिखावा है।

(प्रोफ़ेसर साहब घर में लौट चुके हैं।)

मुंशीजी–छोड़ो ठाकुर साहब! सिर मत धुनो, भाई! जब तीर ही कमान से निकल गया तो...छोड़ो! चुप रहो ठकुराइन...भूल जाओ भूल! रोने से पसीजने वाले ये लोग नहीं!

(उसी क्षण मूँगफलीवाला गली में से आवाज़ देता आता है।)

मूँगफलीवाला–ताज़ी भुनी मूँगफली! चिनियाँ बदाम! खरी भुनी मूँगफली! मौसम का मेवा! बालू की भुनी!

अजय–*(तेजी से निकलकर)* चलो इधर मूँगफलीवाले!

मूँगफलीवाला–लीजिए...सरकार!

(अजय मूँगफली लेने लगता है, तभी धीरे-से बहादुर का प्रवेश)

बहादुर–मुझे भी दे न मूँगफलीवाले! *(रुककर)* अबे बत्तमीज़ जल्दी क्यों नहीं देता?

टिकट बाबू–इधर तो आ, बहादुर! क्यों कहा बत्तमीज़ तूने?

(एक चाँटे की मार, ठकुराइन दौड़कर पकड़ लेती हैं।)

ठकुराइन–खबरदार जो अब मेरे बेटे को मारा

टिकट बाबू–अजय की नक़ल करेगा तू! खाल उधेड़कर रख दूँगा।

मुंशीजी–राम...राम! छोड़िए भी टिकट बाबू!

टिकट बाबू–कहाँ मिला तुझे यह पैसा? किसने दिया? सच...सच बता!

ठकुराइन–मैंने दिया...मैंने दिया।

बहादुर–यह इकन्नी मुझे रास्ते में पड़ी मिली!

(अजय और मूँगफलीवाले का चुपके से प्रस्थान)

टिकट बाबू–पड़ी मिली है! यह झूठ!

(मारने लगते हैं, माँ और मुंशीजी रक्षा करते हैं।)

बहादुर–आपकी पैंट से चुराई है।

टिकट बाबू–यह झूठ और चोरी!

(मारने दौड़ते हैं, माँ बहादुर को घर में खींच ले जाती हैं।)

टिकट बाबू–मेरे बच्चे कितने भी गन्दे, बत्तमीज़ लड़ाकू हों, मुझे मंजूर हैं, लेकिन ये चोरी करें, झूठ बोलें, मैं इन्हें जिन्दा नहीं रहने दूंगा। मार के मर जाऊँगा इन्हीं के संग।

मुंशीजी–ईश्वर बचाये इन लोगों से!

टिकट बाबू–अब मैं यहाँ एक क्षण नहीं रह सकता, मुंशीजी! छोड़ दे रहा हूँ यह जगह!

मुंशीजी–क्या बच्चों की तरह बात करते हो, ठाकुर साहब! ऐसे कोई छोड़कर भागता है! हिम्मत से काम लो।

टिकट बाबू–मेरे पास इतनी हिम्मत नहीं। *(रुककर)* अच्छा नमस्ते मुंशीजी!

(अन्दर प्रस्थान)

मुंशीजी–लेकिन अभी ऐसा न करना, ठाकुर साहब! मैं राय दूंगा तुम्हें! सुबह आऊँगा, हाँ!

(गली में प्रस्थान। कुछ क्षणों के बाद भीतर से ठकुराइन निकलती हैं।)

ठकुराइन–*(मम्मी के बन्द दरवाज़े पर दस्तक)* अजय की मम्मी!...खोलो बहू!

मम्मी–कौन? *(दरवाज़ा खोल कर बाहर आती हैं)* ठकुराइन! क्या है?–बोलो! बोलो न! क्या है?...बोलो ठकुराइन!

ठकुराइन–हम लोग जा रहे हैं यहाँ से!

मम्मी–नहीं नहीं, ऐसा नहीं ठकुराइन जीजी!

ठकुराइन–हमारी भूल-चूक माफ़ करना बहू!

(मम्मी चुप हैं, आँचल से आँखें पोंछती हैं।)

ठकुराइन–हम लोग रेलवे क्वार्टर में जा रहे हैं, बहू! आना, भेंट होगी! *(रो पड़ती है)* ज़रूर आना!

(दोनों खड़ी निःशब्द रो रही हैं भीतर से टिकट बाबू का प्रवेश।)

टिकट बाबू–अभी पेट नहीं भरा तुम्हारा...? चलो इधर!

(ठकुराइन के संग खिंची हुई मम्मी भी चली आती हैं, तभी भीतर से प्रोफ़ेसर का प्रवेश।)

प्रोफ़ेसर–वहाँ क्या कर रही हो? चलो इधर!

(दोनों औरतें चुप खड़ी एक-दूसरे को देख रही हैं, प्रोफेसर और टिकट बाबू अपने-अपने दरवाज़े पर खड़े हैं; तेजी से परदा गिरता है!)

**

नदी प्यासी थी

–धर्मवीर भारती

घटना-काल : सन् 1948 की बरसात

पात्र

राजेश शर्मा

शंकर दत्त

डॉ. कृष्णस्वरूप कक्कड़

पद्मा

शीला

दृश्य : एक

(एक कमरा जो स्पष्टतः किसी लड़की का मालूम पड़ता है क्योंकि स्वच्छ है किन्तु सुरुचिविहीन है। सामान बड़ी तरतीब से लगा है पर उस तरतीब से नहीं जैसे कला भवन में चित्र लग रहते हैं, बल्कि वैसे, जैसे किसी दुकान के शो-रूम में बिकाऊ चीज़ें लगी रहती हैं। सामने बहुत बड़ी-सी एक खिड़की है जिस पर एक बड़ा सादा पर्दा पड़ा है। कमरे भर में केवल एक तस्वीर है, मेज़ पर। एक बीस साल की हँसमुख लड़की की तस्वीर। तस्वीर के बग़ल में टेंस, 'कामायनी' और टेनीसन की मोटे वॉल्यूम रखे हैं, बग़ल में टैलकम पाउडर का ऊँचा डब्बा।

स्टेज पर बायीं ओर एक दरवाज़ा है। कमरे के बीचोबीच चटाई पर

बैठा हुआ, चौकी पर आईना रखकर शंकर शेव की तैयारी कर रहा है। ब्रश में पानी लगाकर साबुन के प्याले में घुमा रहा है। बाहर से कोई दरवाज़ा खटखटाता है।)

शंकर : उँह ! किसी पल चैन नहीं, कौन आ गया मरने! (दरवाज़ा फिर खटकता है। कोई बाहर से नेम-प्लेट पढ़ता हुआ–शंकर दत्त!... मकान तो यही मालूम पड़ता है..। अरे शंकर! शंकर जल्दी से ब्रश पानी के गिलास में डाल देता है। आधा उछलकर) अरे ! राजेश आया ! *(बायीं ओर देखकर, पत्नी को पुकारता हुआ)* शीला ! लो राजेश आ गया। *(उठकर दरवाज़ा खोलता है।)* राजेश हाथ में अटैची लटकाये हुए आता है। शंकर उठकर अटैची हाथ में लेता है। ओह डियर! तीन दिन से तुम्हारा इन्तज़ार हो रहा है।

(बायीं ओर से शीला आती है।)

शीला : (नमस्ते करती हुई) रोज़ एक आदमी का खाना ज्यादा बनाती थी मैं।

शंकर : तो इस समय ट्रेन से आये हो !

राजेश : ट्रेन! वह तो लाइन ही टूट गयी है। मैं तो स्टीमर से आया हूँ। डूबते-डूबते बचकर।

शीला : इस बाढ़ में आप नदी पार करके आये हैं! सचमुच आप वैसे ही ही हैं जैसा ये बताते थे।

राजेश : क्यों शंकर, क्या बताते थे भाभी से?

शंकर : अरे! ये तुम्हारी भाभी भी तुम्हें देखने को वैसे ही आकुल थीं जैसे बच्चे ऊदबिलाव देखने के लिए आकुल रहते हैं। और नदी से आपको प्रेम भी उतना ही है। भला बताइए, नदी के रास्ते से आये हैं! *(शीला से)* सुनो। चाय चढ़ा दो जल्दी से। *(शीला जाती है)* तो आप नदी के रास्ते से आये हैं !

राजेश : करता क्या ? दो साल से आने की सोच रहा था। जब से यूनिवर्सिटी छूटी, तुमसे भेंट ही नहीं हुई।

शंकर : मैं तो कनवोकेशन में इसीलिए गया, पर तुम वहाँ भी ग़ायब।

राजेश : *(गहरी साँस लेकर)* क्या करूँ। पता नहीं क्या हो गया मुझे ? इसी दो साल के अरसे में जिन्दगी मुझे वहाँ से कहाँ ले गयी। और इस समय भी इतना परेशान होकर भागा हूँ। मन पर जैसे हज़ारों हथौड़े एक साथ चलते हों। अक्सर तो यहाँ तक सोचा कि मर जाऊँ,

फ़ुरसत मिले। पर आग के बिस्तरे पर न इस करवट चैन, न उस करवट।

शंकर : क्यों! आखिर यह तुम्हें हो क्या गया है? न ठहाके, न लतीफ़े। जाने कहाँ की निराशा लाद ली है। बैठो तो। टहल क्यों रहे हो!

राजेश : नहीं, बैठेंगे नहीं। टहलने दो। तुम समझते नहीं, शंकर! मुझसे क्षण भर भी बैठा नहीं जाता। लगता है जैसे नस-नस में लाखों तूफ़ान घुट रहे हों और उनके बहने का कोई रास्ता नहीं मिलता जैसे व्यक्तित्व का रेशा-रेशा बिखर रहा हो।

शंकर : लेकिन क्यों?

राजेश : पता नहीं क्यों। पता नहीं क्यों जी रहा हूँ। कोई अर्थ नहीं मेरे जीने का।

शंकर : *(गहरी साँस लेकर)* तुम भी ऐसे हो जाओगे, राजेश, यह मैं कभी नहीं सोच पाता था। भावुक मैं था। जिन्दगी ने मुझे ठीक कर दिया, और तुम जो अपने मन को कितना बाँधकर रखते थे...

राजेश : हाँ दोस्त! लेकिन मन की नदी का बाँध फूट ही गया। और फिर तो इतनी भयानक बाढ़ आयी कि जाने कितनी मान्यताएँ टूट गयीं, कितने संस्कार उखड़ गये, और धार इतनी तेज़ थी मित्र, कि पाँव तले की धरती तक बह गयी। न पाँव तले रेत, न सर पर आकाश...जाने किस दुनिया में यह ख़ूँख़ार नदी खींच लायी है और न जाने क्या करने पर तुली है...

(सहसा गीत जो कुछ देर से पृष्ठभूमि में दूर से सुन पड़ता था, स्पष्ट हो जाता है, शंकर, राजेश के स्वर उसमें डूब जाते हैं)

हाय बाढ़ी नदिया, जिया लैके माने
दाया न जाने, माया न जाने, जिया लैके माने, जिया लैके माने,
हाय बाढ़ी नदिया।

(बाहर से स्वर–बहू जी! नदी भवानी के भीख मिलै।)

शीला : *(अन्दर से)* अच्छा। *(मुट्ठी में कुछ लेकर आती है)*

राजेश : ये क्या है, भाभी?

शंकर : चना है। हर घर से ये लोग चने की भीख माँगते हैं।

राजेश : क्यों

शीला : बकरे को खिलायेगे। नदी बढ़ी है न। ये सब बकरे को नदी किनारे

ले जाकर बलि चढ़ायेगे और ताज़ा ख़ून जल पर छिड़केंगे। तभी नदी घटेगी।

राजेश : यह सच है, शंकर?

शंकर : हाँ, पहले हम लोगों को भी यक़ीन नहीं था। अब तो कई साल तक अपनी आँख से देख चुके हैं।

शीला : लेकिन कभी-कभी इससे भी जल नहीं घटता। देवी के मन्दिर तक जल चढ़ जाता है, मन्दिर डूबने लगता है, तब क़स्बे का कोई आदमी डूबकर आत्महत्या कर लेता है और जल उतर जाता है।

(गीत का स्वर दूर जाते हुए-)

हे देवी मैया तोहार हम बालक राखहु हमरा धेयान।
तोका चढ़उबै नरियर बतासा, चढ़उबै पाठा जवान!

राजेश : सच!

शीला : और क्या त्योरस्साल एक पागल डूब गया था। पारसाल एक औरत ने ख़ुदकुशी कर ली। उसकी तो लाश ही लेकर नदी पीछे सिमट गयी। *(क्षण भर सन्नाटा)* चाय-वाय नहीं पिएँगे?

शंकर : *नहीं, अन्दर मेज़ लगा दो। (शीला जाती है (सन्नाटा। कभी-कभी गीत हवा में बह आता है* राजेश! क्या सोच रहे हो?

राजेश : कुछ नहीं। बलि का बकरा! सोच रहा हूँ जिन्दगी कितनी ख़ूँख़ार है। हर जगह एक-सी है शंकर, कहीं चैन नहीं लेने देती। वहाँ से भागकर यहाँ आया था कि कुछ चैन मिलेगा। ये लोग हैं, कितनी ख़ुशी से मासूम जानवर को ज़िबह करने ले जा रहे हैं। हर जगह यही होता है। गाते-बजाते हुए जिन्दगी अपनेँ शिकार को ले जाती है, उसका ख़ून लहरों पर छिड़कने के लिए। यह शिकार मैं हूँ। लेकिन मैंने सोचा था मरूँगा नहीं, यहाँ आकर मन को ताज़ा करूँगा *(दाँत पीसकर)* लेकिन नहीं, जिन्दगी का शिकंजा तो हर जगह ख़ून का प्यासा है। *(गीत फिर सुन पड़ता है)* देखो। जिन्दगी बार-बार बुलाती है। यह ख़ूनी पुकार यहाँ भी पीछा नहीं छोड़ती। मैं मरना नहीं चाहता, शंकर, *(अस्फुट चीख़ से)* मगर इस आवाज़ से पीछा छुड़ाओ।

शंकर : पागल हो गये हो, राजेश! लो मैं खिड़की बन्द किये देता हूँ। अब आवाज़ नहीं आयेगी। आखिर कुछ बताओगे भी, तुम्हें हुआ क्या है?

राजेश : बतायेंगे मित्र! कुछ दिन चुपचाप आराम करने दो।

शंकर : ख़ूब आराम करो। किताबें पढ़ो। पूरी अलमारी भरी है।

राजेश : हाँ] किताबें तो हैं *(मेज़ पर से किताबें उठाता हुआ)* टेनिसन, टेंस, आ डरबरविले, 'कामायनी'। अच्छा टैलकम पाउडर भी इसी के साथ! *(चित्र उठाता है, देखकर उल्टा रख देता है)* ये तुम्हारी किताबें हैं?

शंकर : नहीं! पद्मा की। मेरी छोटी साली है। उसी की यह फोटो भी है। आजकल शीला के पास आयी हुई है। शीला! पद्मा कहाँ गयी है?

शीला : *(अन्दर से)* वहीं गयी है, डॉक्टर साहब के यहाँ।

शंकर : मेरे दोस्त हैं डॉ. कृष्णस्वरूप कक्कड़। उनके यहाँ पद्मा भी चली जाती है। करे क्या दिन भर पड़ी-पड़ी? अब तुम आ गये हो। तुम्हीं से मगज़-पच्ची किया करेगी।

शीला : चलिए, चाय तैयार है। लेकिन पद्मा अभी तक नहीं आयी, पता नहीं कब तक आयेंगी!

शंकर : अब आ ही रही होगी। मैं तो कहता हूँ, कर दो दोनों की शादी, कुछ हम लोगों को भी पद्मा की बाढ़ से रिलीफ़ मिले।

शीला : चलो, तुम तो मज़ाक़ करते हो। मुझे तो दोनों की जोड़ी बड़ी अच्छी लगती है। मैंने तो कल चाचाजी को लिख भी दिया है। चलिए अन्दर, चाय ठण्डी हो रही है।

(सब अन्दर जाते हैं। क्षण भर स्टेज खाली रहता है। फिर बायीं ओर से डॉ. कृष्णा और पद्मा आते हैं। डॉ. कृष्णा पैन्ट और कमीज़ पहने हैं। पद्मा लापरवाही से उल्टा पल्ला डाले है। देह पर तरुणाई, आँखों में बचपन, बातों में मिसरी, चाल में अल्हड़पन।

पास से कुर्सी खींचकर पलंग के पास डाल देती है और बन्द खिड़की खोल देती है। फिर डॉक्टर का कन्धा पकड़कर कुर्सी पर बिठा देती है।)

पद्मा : लो बैठो! आज दीदी और जीजा गये हैं स्टेशन, अपने एक दोस्त को रिसीव करने! सुना है कि बड़े लेखक हैं।

कृष्णा : लेकिन मुझे देर हो रही है। आज बाढ़-रिलीफ़ कमेटी की मीटिंग है। मैं उसका सेक्रेटरी हूँ न!

पद्मा : तो क्या करते हो तुम लोग?

कृष्णा : बाढ़-पीड़ितों की सहायता। जो लोग बेघरबार हो गये हैं, उनकी मदद। जो बाढ़ में फँस गये हैं उन्हें निकालना।

पद्मा : अहा! हा! तुम तो ख़ूब निकालते होगे। ज़रा से पानी में तो उतरा नहीं जाता, तुम किसी को बाढ़ में से क्या निकालोगे!

कृष्णा : मैं तैरना जानता हूँ, पद्मा! तुम्हें यक़ीन नहीं, आजकल भी भरी नदी में कूद जाऊँ तो डूब नहीं सकता!

पद्मा : और अगर कोई ऐसी धार में उलझा हो कि डूबकर ही उसे बचा सकते हो तो...? तो क्या करोगे?

कृष्णा : डूब ही जाऊँगा तो बचाऊँगा कैसे? तुम तो बच्चों की-सी बातें करती हो।

पद्मा : यही तो तुम नहीं समझते, डॉक्टर साहब! कैसे बतायें तुम्हें कि बिना डूबे बचा ही नहीं सकते।

कृष्णा : किसे?

पद्मा : किसी को भी! मसलन मुझे...

कृष्णा : *(हँस पड़ता है। पद्मा के आँचल का छोर अपनी अँगुली में लपेटते हुए)* तुमने इतनी बात करना कहाँ से सीखा है? डॉक्टरी पढ़ने में बड़ा नुक़सान रहता है। मुझे तो लिटरेचर पढ़ा दो ताकि कम-से-कम तुमसे बात तो कर सकूँ। तुम कितनी कुशल हो बात करने में!

पद्मा : *(लजा जाती है)* धत्!...अरे यह मेरी फ़ोटो किसने उल्टी रख दी है? *(उठकर ठीक करती है)* और यह अटैची किसकी पड़ी है? *(नाम पढ़ती है)* राजेश वर्मा! अच्छा आ गये ये लोग!

कृष्णा : कौन लोग? क्या शंकर आ गये? अच्छा तो उनसे भी चन्दा ले लूँ रिलीफ़ का, और चलूँ फिर।

पद्मा : अरे बैठो भी। हमारे पास एक मिनट भी बैठते भारी लगता है। हमसे चन्दा नहीं माँगा तुमने?

कृष्णा : तुमसे मदद माँगूँगा, चन्दा नहीं। मेरे साथ चलो। तमाम औरतें बेघरबार मदद के लिए पड़ी हैं।

पद्मा : न बाबा! मुझे उनकी हालत देखकर बड़ी रुलाई आती है। अभी उस दिन बाढ़ देखने गयी, रोते-रोते आँखें सूज गयीं। हमारी आँखें बड़ी कमज़ोर हो गयी हैं, कृष्णा। एक चश्मा दिला दो न!

कृष्णा : *(अनमना-सा)* अच्छा।

पद्मा : और हाँ, तुम्हें एक बात बताऊँ *(कृष्णा घड़ी देखता है)* अरे बैठो भी... *(कान के पास मुँह लाकर धीमे-से)* कल जीजी ने चाचा के

पास तुम्हारे बारे में चिट्ठी लिखी है। और तो सब ठीक है लेकिन हम लोग सारस्वत हैं और तुम लोग कक्कड़...

कृष्णा : *(क्षण भर पद्मा की ओर देखता है, फिर हाथ होठों से लगाकर)* हम लोग कितने सुखी होंगे, पद्मा! यह ठीक है कि मैं तुम्हारी तरह भावुक नहीं, इंटलेक्चुअल नहीं, लेकिन हम लोग एक-दूसरे की कमी पूरी करेंगे।

पद्मा : *(बहुत मुलायम स्वरों में)* हाँ कृष्णा, मैं कविताओं में डूबी रहती हूँ, मगर कवियों से, लेखकों से मुझे डर लगता है। एक-तिहाई तो इनमें से भिखारी होते हैं, एक-तिहाई पागल और एक-तिहाई...

कृष्णा : सखी सम्प्रदाय के। *(दोनों हँसते हैं)* नहीं, एक बात तो है...कभी-कभी कविताओं के मीनिंग मुझे अच्छे लगते हैं। साल भर पहले मैंने भी सोचा था कि कविता बनाऊँ, फिर सोचा उससे मेरे पेशे में नुक़सान पहुँचेगा और उसके बाद मिल गयीं तुम–बज़ात ख़ुद कविता। *(पद्मा का आँचल अँगुलियों पर लपेटने लगता है।)*

पद्मा : *(जल्दी से आँचल खींचकर)* छोड़ो, जीजाजी आ रहे हैं। *(शंकर और राजेश दोनों बहस करते हुए आते हैं।)*

राजेश : और इसलिए कभी-कभी लगता है कि आदमी को पत्थर होना चाहिए, फ़ौलाद की राक्षसी मशीन होनी चाहिए जो अपने बाहुचक्रों में सभी को कुचल दे। उसके बिना आदमी ज़िन्दा नहीं रह सकता। कभी-कभी मन में एक भयंकर ख़ूनी प्यास जागती है, जिन्दगी से बदला लेने की, मगर दोस्त! प्यार ने यह भी साहस तोड़ दिया है। जहाँ ख़्याल आता है कि इस चक्र में वह भी पिस जायेगी जिसे मैंने ईश्वर से बढ़कर माना है, जो आज मुझसे दूर हो गयी है तो क्या हुआ, तभी ऐसा लगने लगता है कि मुझमें हिलने तक की ताक़त नहीं। मेरा सब कुछ छिन गया *(पद्मा और कृष्णा एक-दूसरे की ओर देखते हैं।)* अब मेरे लिए जिन्दगी का क्या अर्थ है? मैं किसके लिए ज़िन्दा रहूँ, क्यों ज़िन्दा रहूँ? फिर सोचता हूँ, जिन्दगी ने फूल बनकर न रहने दिया तो काँटा बनकर रहूँ... मगर रहूँ ज़रूर! *(पद्मा और कृष्णा को देखकर चुप हो जाता है)*

शंकर : आओ तुम्हारा परिचय करा दें–ये हैं राजेश। तुम दोनों इनके बारे में सुन चुके हो। ये हैं पद्मा, ये हैं डॉ. कृष्णस्वरूप कक्कड़।

(झुककर धीमे-से) पद्मा के भावी पति, और कल से यही तुम्हारा इलाज करेंगे। कृष्णा, इन्हें कुछ-कुछ हॉर्ट-ट्रबल है। और अब महीने भर रहकर इन्हें स्वास्थ्य सुधारना है यहाँ।

कृष्णा : बड़ी ख़ुशी हुई आपसे मिलकर।

राजेश : मैं ऐसा आदमी नहीं जिससे मिलकर किसी को ख़ुशी हो, डॉक्टर!

शंकर : नहीं! वह व्यापार की दृष्टि से कह रहे थे। उन्हें एक मरीज़ मिला, क्यों?

(सब हँस पड़ते हैं, शीला हाथ में स्वेटर और सलाई लिये आती है।)

शीला : अरे भई, इतना मत हँसो! अहा कृष्णा हैं!

कृष्णा : भाभी, तुमसे कुछ वसूलने आया हूँ।

शीला : देखो, अभी घबराये क्यों जाते हो, डॉक्टर साहब! हमने नुस्ख़ा लिखा है, दवा तैयार हो जाये।

(पद्मा शरमा जाती है। कृष्णा भी झेंप जाता है, लेकिन चन्दे की कॉपी निकालता है।)

कृष्णा : लिखो।

शंकर : यह क्या है भाई, कुछ हमें भी मालूम होगा।

कृष्णा : बाढ़-रिलीफ़ कमेटी का चन्दा। *(कॉपी राजेश की ओर बढ़ाकर)* कुछ आप...!

राजेश : *(कॉपी हाथ में, और लाइनें लिखकर हस्ताक्षर कर देता है)* देखो शंकर, मैंने क्या लिखा है–जब आदमी के सामने जिन्दगी की दिशाएँ धुँधली पड़ जायें, जब वह अपनी जिन्दगी के सही-सही अर्थ न खोज सके तो उसका ज़िन्दा रहना उसका अहंकार और कायरता है। उसे आत्महत्या कर लेनी चाहिए–राजेश!

(सब अचरज से देखते हैं।)

शंकर : अरे यह चन्दे की रसीद है राजे, ऑटोग्राफ़ बुक नहीं।

(पद्मा आँचल में मुँह दबाकर हँसती है। शीला खिलखिला पड़ती है। शंकर आँख से दोनों को मना करता है।)

कृष्णा : मुझे सन्देह नहीं चाहिए। मुझे चन्दा चाहिए।

राजेश : ओ, आई एम सॉरी! काहे का चन्दा?

कृष्णा : बाढ़-रिलीफ़ का।

राजेश : क्यों?

कृष्णा : क्यों? उससे हम बाढ़ में मरने वालों को बचायेंगे।

राजेश : लेकिन क्यों बचायेंगे उन्हें?

पद्मा : तो क्या उन्हें मरने दिया जाये?

राजेश : बेशक! कितना बड़ा दम्भ है। हम घास-फूस के छप्परों को बह जाने देते हैं। ढोर-डंगर को बह जाने देते हैं। आदमियों को बचाने के लिए चन्दा करते हैं। क्यों! क्या ये आदमी घास-फूस और ढोर-डंगर से किसी माने में बेहतर होते हैं? इनका ज़िन्दा रहना दुनिया के लिए अभिशाप है और इनके लिए यातना। फिर इन्हें क्यों न मरने दिया जाये! मैं जब कभी सोचता हूँ कि इस धरती पर करोड़ों आदमीनुमा कीड़े रेंगते हैं और नारकीय जिन्दगी बिताते हैं तो मेरा मन ग़ुस्सा और तरस से भर जाता है। ये, हम सब, क्या हैं हमारी जिन्दगी के माने? करोड़ों साल से हम लोग सितारों की छाँह में धरती पर अपने पद-चिह्न बनाते हुए चले आये हैं। मगर हैं हम सब भी कीड़े-के-कीड़े। हमारा अस्तित्व मिट जाये तभी अच्छा हो। मुझे तो अफ़सोस है कि ये बाढ़ें इतनी कम क्यों आती हैं? मनु के ज़माने का जल-प्रलय क्यों नहीं आता है? इनसान की जिन्दगी का नाम-निशान क्यों नहीं खत्म हो जाता? कीड़े? ये सब मरने के ही लिए बने हैं।

शीला : तो क्या दया और सहानुभूति कुछ भी नहीं है? राजेश बाबू, आप क्या कह रहे हैं?

कृष्णा : दिस इज़ ब्रूटिश।

राजेश : तो क्या दया कम ब्रूटिश होती है, डॉक्टर साहब! अभी उस बलि के बकरे को देखा था। दया तो हमारे व्यवहार का महज़ वह अंश है जिसमें हम बकरे को फूल-माला से लादते रहते हैं। डॉक्टर साहब! हमारे दो चेहरे हैं। एक जो हम दुनिया को दिखाते हैं, वह है दया, ममता, स्नेह, प्रेम का चेहरा। एक वह जो हम ख़ुद देखते हैं, वह है क्रूरता, घृणा, हिंसा, प्रतिशोध का चेहरा और यही जिन्दगी की असलियत है, मेरे दोस्त! दया करके, प्रेम करके हम हमेशा जिन्दगी की असली कुरूपता को ढँकने की कोशिश करते रहे हैं। यह ग़लत है। असलियत यह है कि जिन्दगी क्रूर है, जिन्दगी कुरूप है, घिनौनी है और आदमी उसे बदल नहीं सकता।

आदमी को मर जाना चाहिए। खत्म हो जाना चाहिए।

शंकर : यह फ़िलासफ़ी की बात दूर, लाओ तुम्हारे नाम से चन्दा लिख दूँ। राजेश : चन्दा–यही लाइनें मेरा चन्दा हैं। यह तो रसीद बुक है। यह मैं आग की लपटों पर लिख सकता हूँ, पानी की लहरों पर लिख सकता हूँ, आसमान के बादलों पर यही लिख सकता हूँ। यही जीवन का ध्रुव सत्य है। कह दो आदमियत से वह मर जाये। चूँकि आज तक उसकी दिशाएँ अस्पष्ट हैं। धुँधली हैं। छि:! *(उसी आवेश में)* मैं बाथरूम जा रहा हूँ, नहाऊँगा मैं। अन्दर जैसे भट्ठी सुलग रही हो।

शंकर : कृष्णा, कल इन्हें इक्ज़ामिन करो ज़रा। जानते हो, यह बड़े अच्छे लेखक हैं।

कृष्णा : हिन्दी के न? तभी ये न्यूरॉटिक हैं। मानसिक रोग है, शंकर भइया!

पद्मा : रोग नहीं, बहुत गम्भीर बात कहते हैं ये। मैं तो जैसे बह गयी थी।

(कृष्णा आश्चर्य से पद्मा की ओर देखता है, वह लजा जाती है।)

कृष्णा : अच्छा कल देखूँगा, इन्हें! अब ज़रा रिलीफ़-कमेटी की मीटिंग में जाना है।

शंकर : क्या हालत है बाढ़ की?

पद्मा : सब जगह पानी भर गया है, जीजा! देवी के मन्दिर पर भी पानी आ रहा है। इस साल फिर कोई बेचारा डूबेगा।

कृष्णा : वाहियात! महज़ अन्धविश्वास है। हाँ शंकर भइया, इनमें बड़ी आत्मघाती प्रवृत्तियाँ हैं। ज़रा सम्हालकर रखना...

(शीला घबड़ाई हुई आती है।)

शीला : सुनते हो, उन्हें दिल का दौरा फिर आ गया है।

(सब अन्दर जाते हैं।)

दृश्य : दो

(दो सप्ताह बाद अपने कमरे में बैठी हुई पद्मा मुसम्मी निचोड़ रही है। उसका चेहरा क्लान्त है और बाल बिखरे हुए हैं। मुद्रा गम्भीर और चिन्तामग्न है। अन्दर से कृष्णा आता है। हाथ में स्टेथेस्कोप और सूटकेस, साथ में शंकर।)

पद्मा : क्यों, क्या रीडिंग है?

कृष्णा : बहुत अच्छी है तबीयत अब तो। दस दिन में आधा मर्ज़ चला गया।

शंकर : इसका सेहरा तो पद्मा के सिर बँधना चाहिए। उसने दिन-रात एक कर दिया कृष्णा! मैं नहीं समझता था कि ये इतनी सुश्रूषा कर सकती है।

पद्मा : अरे जीजा, इतनी तारीफ़ न करो, नजर लग जायेगी। हाँ तो कृष्णा, तुमने कुछ एनालाइज़ किया?

कृष्णा : हाँ बताते हैं अभी, शंकर भइया! उन्हें आप इसी कमरे में ले आइए। उसका वातावरण बहुत मनहूस है।

(शंकर जाता है।)

पद्मा : हाँ, तो बताओ कृष्णा!

कृष्णा : डॉक्टर से ज्यादा तो शायद तुम मरीज़ के बारे में जानने के लिए आतर हो।, *(गहरी साँस लेकर)* दस दिन में जिन्दगी का चक्र कितना घूम गया है, पद्मा!

पद्मा : कृष्णा, कृष्णा! बोली न बोला करो। तुम्हारा मन इतना छोटा है, यह मैं नहीं जानती थी।

कृष्णा : तुम्हारा मन इतना अस्थिर है, यह मैं नहीं जानता था, पद्मा! इन दस दिनों में जैसे दुनिया बदल गयी है। मेरा सब कुछ खो गया, पद्मा। अब तुम्हें मेरे बारे में कोई दिलचस्पी ही नहीं रही। वह न्यूरॉटिक आत्मघाती तुम्हारे लिए सब कुछ हो गया।

पद्मा : कृष्णा, कृष्णा! इस तरह की बातें सुनने की मैं आदी नहीं। वह कुछ भी हों, मैं उन्हें श्रद्धा करती हूँ, ममता करती हूँ, प्रेम...(रुक जाती है)

कृष्णा : प्रेम करती हूँ! कहो न! आखिर हो न औरत! बदलते देर नहीं लगती।

पद्मा : आखिर हो न पुरुष! अधिकार की प्यास जायेगी थोड़े! ब्याह हो गया होता तो जाने क्या करते... *(कृष्णा स्तब्ध रह जाता है–एकटक पद्मा की ओर देखता है, धीरे-धीरे कुर्सी पर बैठ जाता है। माथे पर हाथ रखकर, सोचने लगता है। पद्मा उठती है और धीरे-धीरे कुर्सी के पीछे खड़ी हो जाती है। बालों में उँगलियाँ डालकर)* नाराज़ हो गये, कृष्णा! *(चुप रहता है–कन्धा झकझोरकर)* बोलो! सचमुच मैं आपको समझ नहीं पाती, कृष्णा, मुझे क्या हो गया है। मैं जानती हूँ तुम्हारे मन में मेरे लिए क्या है, लेकिन क्या करूँ, कृष्णा! उनके मन के दर्द को जिस दिन से पहचाना है, उस दिन

से जैसे उसने मन को बाँध लिया है। लगता है जैसे उनके दर्द का एक ज़र्रा मेरे सारे व्यक्तित्व, सारे प्रेम से बड़ा है। मेरा प्रेम अब भी तुम्हारे लिए है, लेकिन लगता है, यदि उनके दर्द में ज़रा-सी कमी हो सके तो मेरा सारा व्यक्तित्व सार्थक हो जाये। यक़ीन मानो कृष्णा, मैं उन्हें प्यार नहीं करती। उनकी आँखों में इतनी अँधेरी गहराइयाँ हैं कि उनमें झाँकते हुए मुझे डर लगता है, लेकिन जाने कैसा ज़हरीला जादू है उनमें कि डूब जाती हूँ। मुझे ख़ुद अपने ऊपर बड़ा गुस्सा आता है, और जब वह मुझसे नहीं सम्हल पाता तो तुम पर उतर जाता है, कृष्णा!...बोलो...*(कृष्णा केवल आँख उठाकर देखता है और चुपचाप सर नीचे कर लेता है...)* माफ़ कर दो, कृष्णा! थोड़े दिन में तो वे यहाँ से चले जायेंगे, तब तक उनकी सेवा कर लेने दो। मुझे लगता है कि...

कृष्णा : मैं जानता हूँ, मैं बहुत नीरस हूँ, पद्मा! तुम्हारे योग्य नहीं। लेकिन मैं क्या करूँ! अगर मेरी जिन्दगी में कोई है, जिसकी वजह से मैंने कुछ ऊँचाई पायी है तो वह तुम हो...लेकिन ख़ैर...

पद्मा : तुम्हारी इसी बात से मेरा मन भर आता है! *(एक आँसू टप से गिर पड़ता है, गला भर आता है)* मैं क्या करूँ? *(रोने लगती है)*

कृष्णा : अरे, रोओ मत। बैठो! आँसू पोंछो। तुम जैसी भी हो, मुझे स्वीकार हो, पद्मा! काश कि तुम समझ पातीं...लेकिन ख़ैर, जाने दो। आओ बतायें, उन्होंने क्या बताया। आँसू पोंछ डालो...हँसो... हाँ ऐसे...तुम्हें मालूम है? वे इसलिए इतने निराश हैं, इसलिए आत्महत्या करना चाहते हैं कि वह लड़की उन्हें मिल न सकी जिसे वह...

पद्मा : *(चीख़कर)* छि: कृष्णा, उन्हें इतने नीचे न घसीटो।

कृष्णा : *(कड़वे स्वर में)* तो तुम्हारी पूजा से वह ऊँचे तो हो नहीं जायेंगे।

पद्मा : (और भी कड़वे स्वर में) तुम्हारी व्याख्या से वह नीचे तो गिरेंगे नहीं। बेवकूफ़ मत बनाओ मुझे। उन्होंने तुमसे पहले मुझे बता दिया है, सब बता दिया है। उन्होंने बताया है कि उन्होंने और कामिनी ने निश्चय किया था कि वे जीवन भर अलग रहेंगे, प्रतिदान न लेंगे। मगर अपने प्यार से दोनों एक-दूसरे का व्यक्तित्व सम्हालते चलेंगे। पर अब कामिनी धीरे-धीरे मुरझा रही है और वह

रोक नहीं पाते...उनके सामने जीवन का एक अर्थ था। और अब उनका जीवन निरर्थक है। वह ज़िन्दा नहीं रहना चाहते...कितनी गहराई से सोचते हैं वह, कृष्णा! तुम समझ नहीं सकते।

कृष्णा : तुम तो समझती हो?

पद्मा : हाँ, समझती हूँ। और तुम्हारे इस तरह बोलने से मैं डर नहीं जाऊँगी। उनके पैरों की धूल भी नहीं हो। तुम उस ऊँचाई से सोच भी नहीं सकते।

कृष्णा : कभी नहीं सोच सकता। ईश्वर न करे मैं वहाँ से सोचूँ। औरत जो एक शाम को बदल सकती है, उस औरत के पीछे मैं आत्महत्या नहीं कर सकता। छि:-छि:!

(तेज़ी से निकल जाता है।)

पद्मा : कृष्णा! कृष्णा...सुनो। उफ़ मुझे क्या हो गया है! (मेज़ पर सिर रखकर रोने लगती है–दायीं ओर से शंकर का सहारा लिये हुए राजेश आता है)

शंकर : पद्मा! ज़रा कुर्सी खिड़की के पास डाल दो।

(पद्मा जल्दी से आँख पोंछकर उठती है और कुर्सी डाल देती है। राजेश बैठ जाता है। शंकर उसके पैरों पर चादर डाल देता है। पद्मा मुसम्मी का रस लाकर देती है।)

शंकर : अच्छा, मैं डिस्पेंसरी जाकर दवा ले आऊँ। शीला! ओ शीला! ज़रा शीशी दे जाना...पद्मा, तुम्हारी आँख क्यों लाल हैं?

पद्मा : सर में दर्द है, जीजा!

राजेश : मेरी वजह से अगर सबसे ज्यादा मेज़बानी किसी पर लदी, तो इन पर। मुर्दे को लोग मरने भी तो नहीं देते।

पद्मा : मरें आपके दुश्मन! आपके बिना हमारे जीजा विधवा नहीं हो जायेंगे!

(शंकर और राजेश हँसते हैं–शीला लाकर शीशी देती है। शंकर लेकर जाता है।)

राजेश : बैठो, भाभी!

शीला : दूध चढ़ा आयी हूँ, उतार आऊँ।

पद्मा : अरे बैठो भी, दीदी। (हाथ पकड़कर बिठा लेती है)

शीला : राजेश बाबू! अब शादी कर लो तुम। ये सब तो हर एक की जिन्दगी में होता है। शादी कर लो। बिखरा हुआ मन बँध जायेगा और धीरे-धीरे सब ठीक हो जायेगा।

राजेश : *(हाथ जोड़कर)* क्षमा करो, भाभी। क्या इतना प्रायश्चित्त काफ़ी नहीं है?

पद्‌मा : अच्छा तो है, राजेश, शादी कर लीजिए, इतना डरते क्यों हैं!

राजेश : डरते क्यों हैं? बुरा न मानना, मैंने सुना था अफ्रीका में एक नरभक्षी पेड़ होता है। जहाँ कोई उसके समीप गया कि उसके पत्ते उसे झुककर लपेट लेते हैं। और उसके बाद वह अपने ज़हरीले रेशमी काँटों से बूँद-बूँद ख़ून चूस के हड्डियाँ फेंक देता है। औरत भी बिल्कुल ऐसी ही है। किसी भी जीनियस को देखते ही वह अपनी बाँहों में कस लेती है और फिर व्यक्तित्व को बूँद-बूँद चूसकर उसे फेंक देती है।

शीला : अच्छा, तो इसका मतलब तुम्हारे मित्र का व्यक्तित्व मैंने खत्म कर दिया है। जाइए जनाब, मैं न होती तो...

पद्‌मा : अरे दीदी, वह जीनियस की बात कर रहे हैं। जीजा कहाँ के जीनियस थे?

(राजेश और शीला हँस पड़ते हैं।)

शीला : तो यह किसी जीनियस लड़की से शादी कर लें।

राजेश : जीनियस और लड़की। यह सर्वथा अन्तर्विरोध है। औरत जीनियस हो ही नहीं सकती। उसके लिए जिन्दगी का बाह्य सबसे प्रमुख होता है। कामिनी के ही बारे में मैंने आपको बताया था। बाह्य परिस्थितियाँ उसके अन्तर के सौन्दर्य को नष्ट कर रही हैं और वह चुपचाप है। यह कोई प्रतिभा है! प्रतिभा विद्रोह करती है, सृजन करती है। नारी केवल प्रसव करती है या प्रसाधन, प्रसव की भूमिका...क्षमा कीजिएगा। यही हैं पद्‌मा। इनकी मेज़ पर 'कामायनी' रखी है। लेकिन 'कामायनी' के ऊपर क्या है? पाउडर का डिब्बा।

शीला : *(सहसा चौंककर)* दूध जल रहा है। मैं अभी आयी।

(चली जाती है, पद्‌मा उठती है और पाउडर का डिब्बा उठाकर फेंक देती है। राजेश चौंक जाता है)

राजेश : अरे यह क्या? आप बुरा मान गयीं। मैंने तो उदाहरण दिया था। मैं क्या आपको समझता नहीं हूँ!

पद्मा : समझते हैं आप। ख़ूब समझते हैं। जहाँ नारी दुर्बल है, कमज़ोर है, वहाँ उसे गाली दे लीजिए, लेकिन जहाँ वह ममता दे देती है, अपना सब कुछ दे देती है, वहाँ भी आप लोग कहने से नहीं चूकते।

राजेश : ग़लत समझीं आप, पद्माजी! आपको क्या मैंने समझा नहीं! आप ही ने तो मेरी जान बचायी है।

पद्मा : देखिए, आप होंगे आप? मैं तो तुम हूँ!

राजेश : *(गहरी साँस लेकर)* तुम सही, पद्मा! लेकिन तुम इतनी ममता से बात न किया करो! तुम नहीं समझती कि प्यार न मिलने से मन में एक घाव होता है जो प्यार मिलने से बुरी तरह कसक उठता है। तुम क्यों...क्यों इतनी ममता बढ़ा रही हो?

पद्मा : पता नहीं क्यों! मैं ख़ुद नहीं समझ पाती। जाने कैसा मन्त्र-सा छा गया है मुझ पर। लगता है जैसे मैं आपे में नहीं हूँ।

राजेश : लेकिन यह बुरी बात है।

पद्मा : जानती हूँ यह ग़लत बात है, फिर भी आप कभी नहीं समझ सकते, आप मेरे लिए क्या हो गये हैं। लगता है, मेरी जिन्दगी का अर्थ मेरे सामने खुल गया है। कोई छाया थी जो बार-बार सपनों में आती थी। मैं पुकारती रहती थी, वह चली जाती थी, आपको पाकर मैं उस छाया को पा गयी हूँ।

राजेश : (आवेश में) पद्मा! क्या कह रही हो तुम?

पद्मा : कह लेने दीजिए मुझे। फिर कभी न कहूँगी, लेकिन जो कुछ कह रही हूँ, वह अक्षर-अक्षर सही है, मैं आज तक कविताएँ गाती थी। आपको पाकर उन गीतों की आत्मा पा गयी हूँ। आपको ख़ुद नहीं मालूम कि आते ही आपने क्या किया था। आते ही मेरा चित्र उलट दिया था। मेरा व्यक्तित्व उलट दिया था। बताइए क्यों किया था आपने? क्यों आपने इन गहराइयों में उतार दिया, जहाँ आपके सिवा कोई नहीं है।

राजेश : लेकिन, पद्मा...डॉक्टर?

पद्मा : मैं स्वयं नहीं जानती, उनके लिए क्या करूँ, आज लगता है जैसे वे मेरे प्यार की पगडंडी थे, जिसे मैं छोड़ आयी हूँ। आप मंज़िल

हैं जहाँ मैं पहुँचना चाहती हूँ।

(सहसा शीला का प्रवेश।)

शीला : पद्मा! ज़रा जाकर धोबी को कपड़े दे आओ! जल्दी जाओ। *(पद्मा जाती है)* राजेश बाबू, आज शाम को नाश्ते के लिए क्या बनाऊँ?

राजेश : *(गम्भीर विचार में)* कुछ नहीं! चाहे जो बना दो।

शीला : मूँग का हलुआ अच्छा लगता है? *(राजेश स्वीकृति में सिर हिला देता है।)*

(डॉक्टर आता है, अस्तव्यस्त।)

कृष्णा : भाभी, इनसे कुछ बातें करनी हैं एकान्त में...अगर...

शीला : हाँ, हाँ। मैं जाती हूँ। (जाती है।)

राजेश : *(उत्सुकता से डॉक्टर की ओर देखता है)* क्या है डाक्टर?

कृष्णा : *(कुछ देर चुप रहकर)* राजेश बाबू *(बहुत कड़े स्वर में)* मैंने तुम्हारी जान बचायी है और...और तुमने...*(सहसा धीमे पड़कर गहरी साँस लेकर)* लेकिन जाने दो, मुझे यह कहना उचित नहीं है। लेकिन मैं तुम्हें ऐसा नहीं समझता था। *(सहसा तेज़ होकर)* लेकिन तुम चुप हो जैसे कुछ जानते ही नहीं, तुम चुप रहकर...

राजेश : लेकिन मेरा क्या दोष?

कृष्णा : तुम्हारा क्या दोष? दोष है तुम्हारी उल्टी-सीधी बातों का, जिनमें आदमियों को बेहोश बनाने का नशा है। माना मुझमें इंटेलेक्ट नहीं है। मैं लच्छेदार बातें नहीं कर पाता, मेरे व्यक्तित्व में आग नहीं, इसका मतलब यह नहीं कि मेरा सब कुछ छिन जाये। तुमने यह काँटे बोये हैं, तुमने यह ज़हर घोला है। ज़हर...जानते हो...मैं सब खोकर भी स्वयं नहीं मरूँगा...लेकिन यह देखते हो...*(बैग से एक शीशी निकालकर)* दवा में इसकी एक बूँद तुम्हारे लिए कुछ काफी है...मैं नष्ट होना नहीं जानता, मैं कायर नहीं हूँ...

राजेश : (हाथ बढ़ाकर) कितने मेहरबान हो कृष्णा तुम। इसी दवा की तो मुझे तलाश है। काश कि तुम समझ पाते कि कितनी बेचैनी है इस हृदय में! कब से मैं धधक रहा हूँ। मैं ख़ुद तुम लोगों की जिन्दगी के बीच से हट जाना चाहता हूँ। मुझे किसी का मोह नहीं रहा, जिसे प्राणों से बढ़कर प्यार किया जब उसी...लाओ दो शीशी दो!...

कृष्णा : *(उठकर)* कभी नहीं, मेरा काम जिलाना है, मैं डाक्टर हूँ, मैं ज़हर

नहीं दे सकता, मैं दवा देता हूँ। *(खिड़की के पास जाकर शीशी फेंक देता है, मुड़कर पद्मा के चित्र को देखकर)* काश! कि तुम कभी भी समझ पाती, मैं जीनियस नहीं हूँ, मगर तुच्छ भी नहीं हूँ... *(लौटकर राजेश के कन्धे पर हाथ रखकर)* मगर मैं क्या करूँ! कोई भी तो मेरे दर्द को नहीं...

राजेश : *(हाथों में उसके हाथ लेकर)* मैं समझता हूँ, डॉक्टर, मैं समझता हूँ। मैं कितना तुच्छ हूँ, कैसा फूटा नसीब है मेरा कि जो मेरे संसर्ग में आता है, उसी को आग लग जाती है। मैं समझता हूँ...मैं तुम्हारे रास्ते से हट जाऊँगा। कृष्णा...मैं समझता हूँ...

कृष्णा : *(ग़मगीन आवाज़ में)* मुझे कोई नहीं समझता...कोई नहीं...

(धीरे-धीरे चला जाता है। राजेश कमरे में टहलने लगता है।)

राजेश : जिन्दगी का अर्थ कुछ नहीं रहा मेरे सामने। एक प्रेत-आत्मा की तरह जिस वातावरण में रहता हूँ, वही अभिशप्त हो जाता है। मौत में इतनी तकलीफ़ तो नहीं होगी, इतनी उलझन तो नहीं होगी। जिन्दगी तो मुझे नीच साबित करने पर तुली है। अब मुझे जाना ही पड़ेगा। मुझे कोई नहीं रोक सकता, (मुट्ठी तानकर) कोई नहीं... दुनिया मेरे लिए बहुत छोटी है, जिन्दगी बहुत सँकरी है।

(खिड़की से उतर जाता है। उतरते में पैर लगकर पद्मा की तस्वीर गिरकर टूट जाती है। पर्दा गिरता है।)

दृश्य : तीन

(वही कमरा...शंकर बेचैनी से टहल रहा है...शीला सर झुकाये बैठी है।)

शंकर : *(सहसा रुककर)* सारी ग़लती तुम्हारी है। मैंने बार-बार कह दिया था कि चाहे आसमान फट पड़े, तुम राजेश को एक मिनट के लिए भी अकेला न छोड़ना, लेकिन तुमने कभी कहना माना? तुम समझती हो कि अगर राजेश को कुछ हो गया तो मैं किसी को मुँह दिखला सकूँगा? (फिर टहलने लगता है)

(पद्मा आती है।)

पद्मा : कुछ पता लगा जीजा?

शंकर : कुछ नहीं। पुलिस में रिपोर्ट की, जाल छुड़वाया, मल्लाहों से पूछा,

पद्‌मा : आप बैठे रहिए।

राजेश : नहीं, अब मैं ठीक हूँ–बिल्कुल ठीक। हाँ तो मुझमें उस वक़्त जाने कितनी ताक़त आ गयी! मैं देवी के मन्दिर के पास गया। मैंने अपने मन में सोचा कि बहुत भयानक जगह होगी। लेकिन वह तो बहुत ख़ुशनुमा जगह थी। मन्दिर का सिर्फ गुम्बद चमक रहा था। पीपल और पाकड़ के पेड़ डूब गये थे। इतनी ख़ामोशी थी कि चारों ओर लगता था, हज़ारों मील से पत्थरों से टकराती, गाँवों को डुबाती हुई यह नदी इन पेड़ों की छाँह में आकर सो गयी है। मैं चुपचाप खड़ा रहा। कुछ दूर तक पेड़ों की छाँह से पानी साँवला पड़ गया था। थोड़ी देर में सूरज डूबने लगा। सैकड़ों सिन्दूरी बादल पानी में उतर आये और फूल की तरह धीरे-धीरे बहने लगे। मैं चुपचाप था। पता नहीं किसने मेरे क़दमों की ताक़त छीन ली थी। धीरे-धीरे मेरी आँखों से आँसू बहने लगे। मुझे लगा, मैं क्यों मरना चाहता हूँ! जिन्दगी का नया पहलू मिला उस दिन। वह यह कि चाहे ऊपर की सतह मटमैली हो, मगर जिन्दगी की तहों के नीचे गुलाब के बादलों का कारवाँ चलता रहता है। क्रूरता, कुरूपता के नीचे सौन्दर्य है, प्रेम है और सौन्दर्य और प्रेम, कुरूपता और क्रूरता को चीरकर नीचे पैठ जाता है। उसे देखने के लिए महज़ आँख में नया सूरज होना चाहिए, पद्‌मा! *(गहरी साँस लेकर)* और, धीरे-धीरे लगा कि जैसे मन की सारी कटुता, सारी निराशा, सारा अँधेरा घुलता जा रहा है। लगा कि जब तक जिन्दगी में एक कण सौन्दर्य है, तब तक मरना पाप है। पागलों की तरह उन्हीं तैरते बादलों के साथ मैं चल पड़ा...अँधेरा हो गया...*(शीला दूध लाकर रख देती है और बैठ जाती है)* मैं वहीं बैठ गया। थोड़ी देर में उधर कुछ सियार आये। वे लोग किसी की लाश को घसीट रहे थे। मुझे देखकर भागे। मैं समीप गया, देखा एक दस-बारह साल का लड़का है। अभी साँस चल रही है। मैंने उसे बाहर निकाला। मन काँप उठा। मगर उठाकर लाने की ताक़त नहीं थी। कितना सुन्दर था, वह कितना मासूम! मैं बैठकर सियारों से उसकी रखवाली करने लगा। उस तरफ सियार थे, इस तरफ लाश। बीच में मैं उसकी रखवाली कर रहा था। चारों ओर सुनसान। लग रहा था, आसमान में अजब-सी शान्ति मेरी आत्मा

(कृष्णा क्षणभर रुककर पद्मा को देखता है। फिर सिर झुकाकर चला जाता है, पद्मा रोने लगती है। फिर उठ खड़ी होती है, अपने चित्र के टुकड़े उठाती है और फिर उन सबको फेंककर बदहवास हो, कुर्सी पर बैठ जाती है। थोड़ी देर बाद शंकर आता है, साथ में राजेश है।)

शंकर : शीला! शीला! लो राजेश आ गये।

(पद्मा चौंक पड़ती है, उछलकर पीछे खड़ी हो जाती है, झट से आँसू पोंछती है, आँसू बहने लगते हैं। शीला भागी हुई आती है।)

शीला : वाह राजेश बाबू! परेशान कर डाला आपने तो। आज न आते तो, शायद कल आपके भइया मुझे तलाक़ दे देते।

शंकर : अरे इसी उम्मीद से तो ये लौट रहे थे कि शायद मैं तलाक़ दे चुका हूँ।

पद्मा : ये थे कहाँ, जीजा?

शंकर : इन्हीं से पूछो। शीला, जल्दी से दूध गर्म करो इनके लिए।

राजेश : लेकिन मैं इस गाड़ी से घर जाऊँगा।

पद्मा : *(सहसा विचित्र स्वर में चौंककर)* अरे डॉक्टर...

शंकर : हाँ, अरे पहले डॉक्टर से सलाह तो ले लो।

राजेश : नहीं, मैं रुक नहीं सकता अब, एक दिन भी नहीं।

शंकर : अच्छा! अच्छा! मैं ख़ुद नहीं रोकूँगा तुम्हें। कृष्णा से पूछ आऊँ जल्दी से। सुनो पद्मा! *(पद्मा को अलग बुलाकर)* इनकी अटैची ठीक कर दो और शीला से सौ रुपये लेकर रख देना उसमें।

(जाता है।)

पद्मा : *(राजेश से)* आप कहाँ चले गये थे? सच आपको ज़रा भी ख़्याल नहीं है किसी का। आप गये कहाँ थे?

राजेश : अजीब-सी बात है, पद्मा! विश्वास करोगी? मैं गया था देवी के मन्दिर, डूबने के लिए! (पद्मा चीख़ पड़ती है) न चीख़ो मत। तुम जानती हो, मैं कितना ऊब गया था अपने से! अपनी जिन्दगी एक भार थी मेरे लिए, धीरे-धीरे वह सभी के लिए भार बन गयी। सबकी जिन्दगी के बाँध मेरी वजह से टूटने लगे। मैं कितना आत्मदर्शन बर्दाश्त करता! मैंने निश्चित कर लिया कि अब मेरी मौत ही हर उलझन का इलाज है। किसी को भी तो सुख न दे पाया मैं।

(उठकर टहलने लगता है।)

पद्मा : आप बैठे रहिए।

राजेश : नहीं, अब मैं ठीक हूँ–बिल्कुल ठीक। हाँ तो मुझमें उस वक़्त जाने कितनी ताक़त आ गयी! मैं देवी के मन्दिर के पास गया। मैंने अपने मन में सोचा कि बहुत भयानक जगह होगी। लेकिन वह तो बहुत ख़ुशनुमा जगह थी। मन्दिर का सिर्फ़ गुम्बद चमक रहा था। पीपल और पाकड़ के पेड़ डूब गये थे। इतनी ख़ामोशी थी कि चारों ओर लगता था, हज़ारों मील से पत्थरों से टकराती, गाँवों को डुबाती हुई यह नदी इन पेड़ों की छाँह में आकर सो गयी है। मैं चुपचाप खड़ा रहा। कुछ दूर तक पेड़ों की छाँह से पानी साँवला पड़ गया था। थोड़ी देर में सूरज डूबने लगा। सैकड़ों सिन्दूरी बादल पानी में उतर आये और फूल की तरह धीरे-धीरे बहने लगे। मैं चुपचाप था। पता नहीं किसने मेरे क़दमों की ताक़त छीन ली थी। धीरे-धीरे मेरी आँखों से आँसू बहने लगे। मुझे लगा, मैं क्यों मरना चाहता हूँ! जिन्दगी का नया पहलू मिला उस दिन। वह यह कि चाहे ऊपर की सतह मटमैली हो, मगर जिन्दगी की तहों के नीचे गुलाब के बादलों का कारवाँ चलता रहता है। क्रूरता, कुरूपता के नीचे सौन्दर्य है, प्रेम है और सौन्दर्य और प्रेम, कुरूपता और क्रूरता को चीरकर नीचे पैठ जाता है। उसे देखने के लिए महज़ आँख में नया सूरज होना चाहिए, पद्मा! *(गहरी साँस लेकर)* और, धीरे-धीरे लगा कि जैसे मन की सारी कटुता, सारी निराशा, सारा अँधेरा घुलता जा रहा है। लगा कि जब तक जिन्दगी में एक कण सौन्दर्य है, तब तक मरना पाप है। पागलों की तरह उन्हीं तैरते बादलों के साथ मैं चल पड़ा...अँधेरा हो गया...*(शीला दूध लाकर रख देती है और बैठ जाती है)* मैं वहीं बैठ गया। थोड़ी देर में उधर कुछ सियार आये। वे लोग किसी की लाश को घसीट रहे थे। मुझे देखकर भागे। मैं समीप गया, देखा एक दस-बारह साल का लड़का है। अभी साँस चल रही है। मैंने उसे बाहर निकाला। मन काँप उठा। मगर उठाकर लाने की ताक़त नहीं थी। कितना सुन्दर था, वह कितना मासूम! मैं बैठकर सियारों से उसकी रखवाली करने लगा। उस तरफ सियार थे, इस तरफ लाश। बीच में मैं उसकी रखवाली कर रहा था। चारों ओर सुनसान। लग रहा था, आसमान में अजब-सी शान्ति मेरी आत्मा

पर बरस रही है। मेरे व्यक्तित्व के रेशे फिर से सुलझते जा रहे हैं, और यह लड़का वह चिरन्तन जीवन है, वह सौन्दर्य है जिसकी रखवाली मैं युगों से करता आ रहा हूँ और युगों तक करता जाऊँगा। जिन्दगी नील कमल की तरह मेरे सामने खुल गयी। मुझे लगा कि आदमी सारी तकलीफ़ और दर्द के बावजूद इसलिए ज़िन्दा है कि वह सौन्दर्य और जीवन की खोज करे, उसकी रक्षा करे, उसका निर्माण करे–और सौन्दर्य के निर्माण के दौरान वह ख़ुद दिनोंदिन सुन्दर बनता जाये। अगर कोई नहीं है उसके साथ, तो भी वह सौन्दर्य का सपना-वह ईश्वर उसके साथ है। उसके आगे बढ़ना है...यही जिन्दगी के माने हैं, इसलिए मैं फिर जिन्दगी में वापस लौट आया कि क्रूरता और कमज़ोरी के सामने हारूँगा नहीं, मरूँगा नहीं, सौन्दर्य का सृजन करूँगा और सुन्दर बनूँगा। जिन्दगी बहुत प्यारी है, बहुत अच्छी है, और आदमी को बहुत काम करना है।

शीला : और उस लड़के का क्या हुआ?

राजेश : उसे रिलीफ़ की नाव ले गयी। मैं इधर आ रहा था तो शंकर भइया मिल गये।

शीला : दूध ठण्डा हो रहा है पी लो, मैं फल ले आऊँ।

(जाती है।)

पद्मा : तो अब आप जा क्यों रहे हैं? लीजिए दूध पीजिए। *(मुँह से गिलास लगा देती है।)*

राजेश : *(पीकर)* मैं जा रहा हूँ इसलिए कि मेरी जगह वहीं है, जहाँ कुरूपता और क्रूरता है। जहाँ मेरे सपने टूटे हैं क्योंकि वहीं मुझे लड़ना है। वहीं प्यार बिखेरना है, वहीं निर्माण करना है। मैंने जीवन का सत्य पाया है और उसे लेकर कामिनी के पास जाऊँगा, फिर सारी दुनिया के पास और अगर कोई नहीं मिलता तो अकेले, बिल्कुल अकेले चलूँगा, लेकिन हारूँगा नहीं। *(पद्मा चुपचाप खिड़की के बाहर देखती है और आँचल में आँसू पोंछती है। राजेश उठकर उसके पास खड़ा हो जाता है। सिर पर हाथ रखता है)* पद्मा! यह मोह ग़लत है। मुझे तो जाना ही है, पद्मा! लेकिन तुम मेरी बात समझो, हर चीज़ का सौन्दर्य पहचानो, उसे प्यार करो। मेरी बात मानोगी?

पद्मा : मैंने कभी टाली है आपकी बात?

राजेश : देखो पद्मा, कृष्णा को तुम्हारी ज़रूरत है। मैंने भी आज यही सीखा और तुम्हें भी यही कहूँगा कि दूसरों की ज़रूरत के लिए ज़िन्दा रहो, अपने लिए नहीं । तुमने उसे प्यार किया है, मुझे नहीं। मुझसे तो तुम केवल मुग्ध रही हो । एक बौद्धिक सम्मोहन मात्र! समझीं? (पद्मा सिसकती है) छि:! ऐसा नहीं करते, पगली! उससे समझौता कर लो। उसके पास भाषा नहीं। मगर हृदय बहुत बड़ा है। बहुत सुकुमार। उससे समझौता कर लेना। फिर अपने ब्याह में बुलाओगी हमें? बोलो!

पद्मा : *(रुँधे गले से)* हाँ...

(शीला फल लाती है)

शीला : क्या सचमुच अभी जाओगे, राजेश?

राजेश : हाँ भाभी! पद्मा, जल्दी से अटैची ठीक करो...! ऊपर हमारे कपड़े पड़े होंगे।

शीला : अभी लाई।

(जाती है। राजेश चुपचाप बैठा है। बाहर कोई बड़े दर्दनाक स्वरों में वही गीत गाता है-हाय बाढ़ी नदिया...)

पद्मा : *(अटैची सँभालते हुए)* क्या सोच रहे हैं आप! जो आप कह रहे हैं, वही होगा। सचमुच मैंने कृष्णा से बहुत कठोर व्यवहार किया है। मैं उनसे क्षमा माँग लूँगी। मैं उन्हें समझा लूँगी।

(खिड़की के सामने से दो मुसाफ़िर बात करते हुए जा रहे हैं-बिल्कुल घट गया जल, मन्दिर से...बड़ा अचम्भा है। गीत बराबर चल रहा है... चढ़उबै पाठा जवान। शंकर आता है। माथे पर बेहद पसीना।)

शंकर : पद्मा, एक गिलास पानी लाओ जल्दी से...

(पद्मा जाती है।)

राजेश : क्या हुआ? पूछा कृष्णा से? मैं आज जाऊँगा ज़रूर। मेरा मन नाच रहा है, शंकर! कृष्णा मुझसे मिलने नहीं आयेंगे?

शंकर : *(पलंग पर लेटते हुए)* नहीं आयेंगे...पद्मा से कहना मत। उन्होंने ख़ुदकुशी कर ली-वहीं देवी के मन्दिर के पास डूबकर...

पद्मा : *(दरवाज़े पर सुनकर, चीख़ते हुए)* भइया! *(सिसककर रोने लगती है)* संगीत फिर तेज़ हो उठता है, गूँज उठता है ...

□□